AVIS DES GARDIENNES

Coup de cœur ! Ce livre est fait pour prendre soin de vous, mieux vous connaître et être en phase avec ce qui vous épanouit. Introspection, numérologie, aura, transgénérationnel, blessures émotionnelles, vous allez vous découvrir à travers différents spectres. J'ai aimé les petits quizz, les espaces d'écriture pour prendre le temps de se poser des questions sur soi-même, les rituels et les lettres à rédiger.

Sandrine, @sandytherry

Un cahier-guide absolument incontournable pour apprendre à se connaître, à se pardonner et à s'aimer. Un temps pour soi précieux, des exercices clairs, des idées de rituels... Un outil aussi ludique qu'instructif.

Victoria, @leslecturesdadelaide

Avec de nombreux exercices, rituels et mantras, ce guide est un véritable voyage pour explorer nos blessures, nos forces et notre lumière intérieure. Ce qui m'a marquée, c'est la manière dont le livre mêle bienveillance et autonomie. Il ne dicte pas une vérité absolue, mais nous incite à écouter notre propre intuition. Parmi les outils proposés, j'ai particulièrement apprécié les réflexions sur les « masques » que l'on porte au quotidien et les exercices pour identifier notre mission de vie. J'ai eu certaines prises de conscience profondes. Ce guide est un véritable compagnon pour qui cherche à se recentrer.

Laura, @auraeplume

Un guide essentiel pour venir à bout de ses blessures. Il m'a permis de creuser à l'intérieur de moi-même, d'y voir des choses dont j'avais conscience mais que je n'admettais pas. Les exercices sont très complets, très intuitifs. J'ai beaucoup apprécié. Je pense les refaire quand j'en ressentirais le besoin. Merci aux autrices pour ce merveilleux guide.

Pauline, @cartomooncie

Un guide coup de cœur, particulièrement précieux pour mieux comprendre ses émotions, apprendre à s'aimer, s'accepter tel que l'on est, croire en soi et cultiver sa force intérieure. Une lecture passionnante pour entamer un travail d'introspection et retrouver son authenticité. Une exploration de son moi-profond afin d'avancer plus sereinement sur son chemin de vie. Une invitation à écouter son cœur, suivre son intuition, instaurer des rituels de bien-être. Une routine d'écriture qui permet de se retrouver face à soi-même et approfondir sa connaissance de soi. Un sublime voyage intérieur qui offre un magnifique reflet de la personne que nous sommes, avec l'envie d'écrire son histoire, guérir ses blessures émotionnelles, se libérer du poids du passé. Moi qui crois tant au pouvoir des mots pour soulager les maux, ce livre est une pépite. Munissez-vous d'un crayon, d'un carnet et installez-vous au calme. Et vous verrez qu'une fois les premières pages ouvertes, vous ne pourrez plus poser ce livre. Vous en sortirez véritablement transformé.

Céline, @celinelovereading

Un livre qui fait du bien et qui transmet de belles énergies, j'adore !

Élodie, @la_magie_d_elodie

Cet ouvrage va permettre à beaucoup de personnes de trouver les bonnes clés pour ouvrir des portes fermées depuis trop de temps ! Les exercices sont un plus dans l'exploration de soi.

Sabrina, @lame_sorceleuse

De Lorelène Fantino aux éditions Animae :
Oracle *Les Secrets de ton avenir* (illustré par Cindy Blanchot), 2023.
Oracle *Les Secrets de ton amour* (illustré par Cindy Blanchot), 2024.
Book of Answer : *Messages d'avenir,* 2023.
Book of Answer : *Messages d'amour,* 2024.

Animae s'engage pour une fabrication écoresponsable !
« Des livres pour mieux vivre », c'est la devise de notre maison.
Et vivre mieux, c'est vivre en impactant positivement le monde qui nous entoure ! C'est pourquoi nous avons fait le choix de l'écoresponsabilité. Pour en savoir plus, rendez-vous sur notre site.

Conseillère éditoriale : Karine Sylvestre
Édition : Bleuenn Jaffres
Maquette : Aurélie Lequeux
Correction : Audrey Peuportier
Design de couverture : Laurie Baum
Illustrations : Aurélie Lequeux

76 boulevard Pasteur - 75015 Paris
ISBN : 978-2-38564-100-9

Lorelène Fantino
et Emmi Issaverdens
de *Helia Mind*

MON GUIDE secret de Transformation

Le guide de développement spirituel
à remplir soi-même

animae

« Il faut se planter pour pousser. »

Heliamind

« Deviens l'énergie que tu veux attirer. »

Heliamind

Je suis un allié dans votre quête pour découvrir votre être le plus profond, un guide de lumière qui vous invite à révéler votre propre lumière. Je vous aiderai à explorer les recoins les plus secrets de votre âme et à comprendre les mystères de votre existence.

Ce guide constitue un véritable compagnon de voyage vers votre être intérieur, un pilier pour explorer qui vous êtes et vous délester des personnages que vous vous êtes créés en réponse à des événements traumatisants.

Ce livre va vous apporter les principaux outils nécessaires à votre transformation : révéler vos émotions refoulées, favoriser la gratitude et votre confiance, suivre un parcours d'initiation, apprendre à vous connaître et réaliser vos désirs les plus intenses.

Aucune vérité n'est absolue. Faites-vous confiance et puisez les réponses que vous cherchez au plus profond de vous-même.

Vous n'avez pas à devenir la meilleure version de vous-même ou à changer. Il vous suffit d'explorer votre véritable essence pour composer et révéler tous vos miroirs qui forment une merveilleuse boule à facettes.

Pas à pas, vous allez passer des étapes à travers différents exercices et questions d'introspection. Pour commencer, vous allez clarifier votre mission de vie grâce à la numérologie. Puis vous explorerez votre part d'ombre et vos blessures d'âme, en plongeant notamment dans votre lignée transgénérationnelle et en vous reconnectant à vos vies antérieures. Enfin, vous verrez comment développer votre plein potentiel et améliorer votre confiance en vous et vos relations à travers des lettres d'introspection, des mantras et des rituels*.

Que ce voyage soit une aventure éclairante et épanouissante vers la découverte de votre lumière intérieure.

Avec amour,

Emmi et Lorelène

* À la fin de l'ouvrage se trouve une bibliographie qui réunit des ressources supplémentaires si vous souhaitez explorer plus en détail les thèmes que nous abordons dans le guide.

La notion de personnage

Tout au long de cet ouvrage, nous aborderons la notion de personnage. Ces personnages sont les différents masques que nous avons créés pour protéger et dissimuler notre personnalité. Chacun de ces personnages représente une stratégie différente que nous développons pour naviguer dans la vie et faire face aux défis émotionnels et sociaux.

Voici des exemples :

- **Le perfectionniste exigeant :** ce personnage s'efforce toujours de faire les choses de manière impeccable et sans erreur, croyant que la perfection est la clé de la réussite et de l'approbation des autres.
- **Le rebelle indépendant :** ce personnage défie les normes sociales et les attentes, cherchant à affirmer son individualité et à éviter toute forme de conformité.
- **Le sauveur altruiste :** ce personnage se met constamment au service des autres, cherchant à résoudre leurs problèmes et à apporter du soutien, souvent au détriment de ses propres besoins.
- **Le clown jovial :** ce personnage utilise l'humour et la légèreté pour masquer ses propres émotions profondes et éviter les confrontations sérieuses, préférant divertir les autres plutôt que de montrer sa vulnérabilité.
- **Le maître éclairé :** ce personnage se présente comme ayant atteint un niveau élevé de conscience spirituelle et pense pouvoir guider les autres sur le chemin de la sagesse, souvent en imposant ses propres croyances comme des vérités universelles.

Le symbole, qui apparaît parfois dans le livre, vous invite à vous arrêter de lire pendant quelques instants, à fermer les yeux et à ressentir ce qui résonne en vous. Il est possible que cela vous vienne naturellement et spontanément à d'autres moments, sentez-vous libre de prendre cette pause quand vous le souhaitez.

MANTRAS

Les mantras sont de véritables clés vibratoires qui peuvent ouvrir des portes énergétiques. Avant de répondre aux questions de ce guide, vous pouvez vous mettre dans un état méditatif en vous concentrant sur l'un de ceux disséminés au fil des pages.

Prenez quelques instants pour méditer dessus, laissez-le résonner en vous, comme une mélodie qui guide votre journée.

MON GUIDE :
LE MODE D'EMPLOI

Suivre les conseils ci-après vous permettra de créer un lien profond et significatif avec votre guide.

Chacun d'entre vous est unique, et votre parcours à travers ce guide le sera également. Accordez de l'importance à ce qui résonne le plus en vous. Laissez votre intuition guider vos choix et vos réflexions.

Vous pouvez utiliser ce guide à n'importe quel moment de la journée, tous les jours ou ponctuellement. Écoutez votre cœur, avancez à votre rythme et surtout, prenez du plaisir.

DÉFINIR MES INTENTIONS

Je pratique régulièrement

La magie opère souvent grâce à une pratique régulière. Essayez d'intégrer le guide dans votre routine quotidienne, que ce soit en buvant votre café ou votre thé du matin, pendant la pause déjeuner ou le soir avant de vous coucher. Vous pouvez aussi l'emporter en voyage ou dans des lieux dans lesquels vous vous sentez bien.

Pensez-vous à un endroit qui vous plairait pour remplir ce livre ?

Exemples : Il peut s'agir d'un bord de plage au coucher du soleil, de votre bain... Vous pouvez aussi décrire l'ambiance que vous visualisez lors de vos sessions d'écriture.

Je m'écoute

Le but de ce guide est de vous donner l'opportunité d'en savoir plus sur vous et de révéler votre potentiel. Alors prenez le temps de vous écouter et posez votre intention sur ces lignes avant d'entamer votre voyage intérieur.

....

....

....

....

....

....

....

....

....

....

....

....

....

....

....

....

....

....

....

Je détermine mes objectifs

Les exercices et les questions d'introspection sont des portails vers une exploration profonde de soi. Prenez le temps de laisser infuser chaque question, afin de creuser au-delà des réponses à première vue évidentes.

Votre compréhension et votre connexion évolueront avec le temps. Soyez flexible dans votre approche et prêt à ajuster votre interprétation au cours de votre voyage intérieur.

En commençant cette introspection, y a-t-il des peurs que vous souhaitez vaincre et des objectifs que vous souhaitez réaliser ?

Exemple : « J'ai peur de me retrouver face à mes plus grandes blessures et de ne pas réussir à les accepter. Avec ce guide, j'aimerais réussir à comprendre pourquoi je n'arrive pas à m'attacher aux autres et comment faire pour ne plus avoir peur d'aimer. »

....

....

....

....

....

....

....

....

....

....

Je crée un espace sacré

Lors de votre temps d'étude, créez un espace sacré afin de rendre ce moment unique dans lequel vous allez vous sentir bien. Cela peut être une pièce tranquille, un coin confortable avec des coussins ou même un site en plein air qui vous inspire. Vous pouvez mettre une lumière tamisée, des bougies, ou encore une musique douce. Faites de cet espace un lieu où vous vous sentez en sécurité pour plonger dans votre exploration intérieure.

En lisant ce conseil, où auriez-vous envie d'installer votre espace sacré ?

....

....

....

....

....

....

....

....

....

....

....

....

....

....

Je célèbre mes progrès

Chaque petit pas vers la découverte de soi mérite d'être célébré. Tout ce qui vous rend heureux est une occasion de fêter vos victoires : vous offrir un cadeau, passer du temps avec quelqu'un de proche... Célébrez vos progrès, même les plus modestes, comme le fait de vaincre une peur ou encore de recevoir une bonne nouvelle que vous attendiez depuis longtemps. Chaque instant d'exploration contribue à votre croissance personnelle.

Démarrons dès maintenant !

De quelle manière ai-je envie de célébrer le fait d'avoir commencé mon exploration ?

Exemples : effectuer une petite danse, pousser un cri de joie, etc.

....

....

....

....

....

....

....

....

....

....

....

....

L'homme énergique
et qui réussit,
c'est celui qui parvient
à transformer en réalités
les fantaisies du désir.

Sigmund Freud

PARTIE 1

J'explore ma lumière

Explorez les fondements de votre être intérieur. Ici, vous trouverez plusieurs outils puissants qui vous aideront à mieux comprendre votre essence et votre chemin personnel :

- La mission de vie,
- La numérologie,
- Le nombre d'expression.

Plongez dans ce voyage initiatique grâce à une profonde introspection. Chaque chapitre vous offre l'opportunité unique de vous connecter à votre essence véritable et d'embrasser pleinement qui vous êtes.

TROUVER MA MISSION DE VIE

La notion de mission de vie n'est pas spécifiquement liée à une seule tradition spirituelle, mais elle est présente dans de nombreuses philosophies et croyances à travers le monde.

LA NOTION DE MISSION DE VIE À TRAVERS LE MONDE

Spiritualité occidentale : dans la culture occidentale contemporaine, la mission de vie est souvent vue comme le but ou le dessein unique pour lequel une âme est incarnée dans cette vie. Cela peut inclure la réalisation de soi, le service aux autres, etc.

Hindouisme et bouddhisme : bien que ces traditions ne parlent pas spécifiquement de « mission de vie » de la même manière, elles mettent l'accent sur le karma et le dharma. Le dharma se réfère au devoir ou à l'ordre moral de l'individu dans la société, tandis que le karma est l'effet des actions passées qui influencent la vie présente et future.

Spiritualité amérindienne : les traditions amérindiennes, comme celles des Lakotas ou des Navajos, comprennent souvent des visions ou des rêves qui révèlent la mission ou le rôle spécifique d'une personne dans sa communauté et dans la préservation de la terre.

Qui suis-je ?

Chacun de nous a une mission de vie unique et personnelle, un fil conducteur qui relie les expériences et les rencontres de notre existence. C'est bien plus qu'une simple carrière ou un statut social, ce n'est pas seulement un voyage extérieur vers le succès, mais une plongée intérieure pour découvrir la véritable essence de qui vous êtes : elle vous révèle le but essentiel pour lequel vous êtes venu sur terre. C'est le choix d'incarnation de votre âme, une quête personnelle qui confère une signification unique à votre existence. C'est une affirmation profonde de soi, une expression authentique de votre être véritable.

Elle représente donc une exploration intime de vos talents innés, de vos passions profondes et de votre contribution unique au monde.

Votre mission personnelle pourrait se résumer à une affirmation puissante, telle que : « Dans cette incarnation, je fais le choix d'être une femme consciente. Dans mon cœur, je privilégie la famille, le foyer et la sécurité. Cela me permettra de me sentir pleinement ancrée. »

Ma boussole intérieure

Se connaître profondément et s'exprimer authentiquement sont les clés qui ouvrent la porte d'une vie alignée avec votre véritable essence. C'est une résonance profonde avec ce qui vous anime, vous inspire et vous remplit de joie.

La mission de vie vous guide vers la réalisation de votre potentiel le plus élevé, en alignant vos actions avec vos valeurs fondamentales. Elle devient une boussole intérieure.

En comprenant cette mission, vous ouvrez la porte à une vie plus alignée, plus significative et plus épanouissante. Car elle doit vous correspondre entièrement, elle s'articule avec toutes les dimensions de votre vie. Elle représente le centre de votre âme et apparaît comme une évidence une fois trouvée.

La mission de vie n'est pas figée ; elle évolue avec le temps et l'expérience, c'est un appel constant à l'exploration, à l'apprentissage et à l'expansion.

exercice

Test pour trouver ma famille d'âmes

Suis-je bâtisseur, guérisseur, visionnaire ?

Certaines missions de vie partagent des traits communs qui permettent de les regrouper en ce que l'on appelle des « familles d'âmes ». Il existe trois grandes familles d'âmes principales :

- **LES BÂTISSEURS :** raisonner, penser, structurer et organiser.
- **LES GUÉRISSEURS :** aider les autres, les soigner et les accompagner.
- **LES VISIONNAIRES :** rompre avec le passé, ouvrir la voie, initier un changement et bâtir un nouveau monde.

Répondez à chaque question en choisissant l'option qui vous ressemble le plus. Entourez vos réponses pour chaque question et faites le total à la fin pour découvrir à quelle famille d'âmes vous appartenez.

1. Lors d'un apéritif en famille, il y a un débat sur ce que tout le monde devrait manger. Quelle est mon approche ?

A Je prends des notes, établis un sondage et crée un menu équilibré que tout le monde peut approuver.

B J'écoute les préférences de chacun, propose des solutions qui mettent tout le monde à l'aise, et je m'assure que toutes les personnes se sentent bien.

C Je suggère d'essayer de faire un nouveau plat que personne n'a jamais cuisiné qui pourrait être une aventure culinaire amusante pour tout le monde.

2. Un ami me demande des conseils sur comment organiser une fête d'anniversaire. Qu'est-ce que je fais ?

A J'établis une liste détaillée des tâches, crée un calendrier et gère chaque aspect avec efficacité.

B Je me concentre sur les aspects personnels, comme m'assurer que mon ami se sente spécial et que l'événement soit une source de joie pour tout le monde.

C Je propose des idées créatives pour rendre la fête unique et mémorable, comme un thème original ou des activités inattendues.

3. Je pars à Bali pour un mois en solo. Comment est-ce que je m'organise ?

A Je planifie minutieusement toutes les étapes du voyage sur une carte, je me prépare avec une liste de matériel à emporter et une feuille de route.

B Je fais des recherches sur l'histoire du pays et essaye de trouver les meilleurs temples et lieux spirituels.

C Je fais tout au feeling sur place et me laisse guider par mon intuition et les rencontres au cours du voyage.

4. Je découvre une nouvelle application de méditation. Qu'est-ce que je fais ?

A Je teste les fonctionnalités et établis une routine précise pour en tirer le meilleur parti.

B J'invite mes amis à essayer l'outil avec moi et à discuter ensemble de nos ressentis et expériences.

C J'explore les différentes manières dont cet outil pourrait transformer ma pratique spirituelle et je partage mes idées avec une communauté en ligne.

5. Je suis dans un café et le serveur a l'air stressé. Qu'est-ce que je fais ?

A Je laisse un commentaire détaillé sur le service et fais des suggestions pour améliorer l'organisation du café.

B J'engage une conversation amicale avec le serveur, l'encourage et essaye de rendre sa journée plus agréable avec un sourire et des mots réconfortants.

C Je propose d'organiser un événement spécial au café pour souligner et célébrer le travail de l'équipe et apporter une touche de nouveauté.

Résultats

Majorité de réponses A, je suis : BÂTISSEUR

Vous aimez structurer, organiser et apporter de l'efficacité dans les projets. Vous aimez créer des bases solides, concrètes, et tangibles. Votre énergie est axée sur l'organisation, la structure et la mise en place d'un environnement stable. Vous êtes quelqu'un de persévérant, qui n'a pas peur de l'effort et qui aime voir les résultats de son travail. Vos qualités sont la discipline, la rigueur, et la capacité à transformer une idée en réalité durable. Vous avez un sens naturel du devoir et une grande force intérieure.

Majorité de réponses B, je suis : GUÉRISSEUR

Vous êtes attentif aux besoins des autres et vous cherchez à apporter du réconfort et du soutien.

Vous aimez prendre soin des autres et avez une sensibilité profonde pour leurs besoins émotionnels, physiques et spirituels. Vous avez une grande empathie et un sens naturel de l'écoute. Vos qualités sont la compassion, la bienveillance, et la capacité à apaiser et à harmoniser. Vous êtes souvent celui ou celle vers qui les autres se tournent en période de crise, car vous savez les guider vers la guérison et la paix intérieure.

Majorité de réponses C, je suis : VISIONNAIRE

Vous êtes inspiré par l'innovation, la créativité et le changement, et vous aimez ouvrir de nouvelles voies. Vous aimez rêver grand et penser au-delà des limites. Vous avez la capacité de voir ce qui est possible avant que cela existe. Vos qualités sont l'innovation, l'intuition, et une grande ouverture d'esprit. Vous êtes constamment inspiré par de nouvelles idées et avez un don naturel pour imaginer des futurs possibles. Vous êtes un leader dans l'âme, avec une vision claire de l'endroit où vous voulez aller. Vous inspirez les autres à suivre votre chemin.

✦✷✦

En reconnaissant les qualités propres à votre famille d'âmes, ce qui vous passionne vraiment et vos talents naturels vous apparaîtront plus clairement. Vous vous dirigerez plus facilement vers des choix de vie alignés avec votre essence spirituelle. Lorsque vous agissez en harmonie avec les qualités de votre famille d'âmes, vous ressentez un sentiment d'accomplissement et de plénitude, car vous réalisez la mission que votre âme s'est fixée.

Connaître sa famille d'âmes, c'est découvrir le fil conducteur qui relie toutes vos expériences, et qui vous guide vers une vie plus alignée et plus épanouie. Cela vous aide à comprendre pourquoi vous faites face à certains défis, pourquoi vous ressentez certains appels intérieurs et surtout, comment réaliser pleinement votre mission de vie dans ce monde.

espace d'écriture

DÉCOUVRIR MA MISSION DE VIE

Découvrir sa mission de vie peut être compliqué, c'est pourquoi nous avons créé l'exercice ci-dessous.

En répondant aux questions de manière réfléchie et honnête, vous définissez des pistes claires vers la découverte et la compréhension de votre mission de vie. Prenez le temps d'explorer en profondeur vos réponses pour déceler les thèmes récurrents et les indices qui peuvent vous guider.

Passion

Quelles activités spécifiques me font perdre la notion du temps lorsque je les pratique ?

Quels sont les domaines dans lesquels je me sens le plus épanoui ?

Exemple : « Le dessin est ma passion. »

....

....

....

....

....

....

....

....

Comment ces domaines pourraient-ils être liés à une mission plus vaste dans ma vie ?

Exemple : « Je pourrais transmettre par l'art un message, un apprentissage... »

....

....

....

....

....

....

....

Service

En pensant aux besoins non satisfaits dans ma communauté ou dans le monde, quels problèmes me touchent particulièrement ?

Exemple : « Il y a un problème de pollution dans ma ville. »

....

....

....

....

....

....

....

Comment pourrais-je contribuer à la résolution de ces problèmes tout en trouvant un profond accomplissement personnel ?

Exemple : « J'aimerais organiser avec l'école de mes enfants une collecte de déchets dans un parc. »

....

....

....

....

....

Talents innés

Quelles sont les compétences spécifiques que je maîtrise sans effort ?

Exemple : « L'un de mes talents innés est de ranger ma maison. »

....

....

....

....

....

....

....

Comment ces compétences pourraient être canalisées vers une mission qui résonne avec mon essence profonde ?

Exemple : « Je pourrais mettre à profit ce talent en en faisant mon métier : celui d'organisateur d'espace. »

....

....

....

....

....

....

Valeurs fondamentales

En considérant mes valeurs les plus profondes, quelles actions quotidiennes pourraient être en harmonie avec ces valeurs ?

Compassion	Inclusivité	Générosité
Respect	Patience	Tolérance
Empathie	Humilité	Flexibilité
Justice	Intégrité	Honnêteté
Responsabilité	Gratitude	Altruisme
Authenticité	Loyauté	Sérénité
Bienveillance	Courage	

....

....

....

....

....

....

....

....

....

....

....

....

Comment ces actions pourraient s'intégrer dans ma mission de vie ?

Héritage

Si je venais à disparaître, de quels aspects de ma personnalité ou desquels de mes actes les autres se souviendraient-ils de moi ?

....

....

....

....

....

....

....

....

....

....

....

....

....

....

....

....

....

....

....

Comment pourrais-je aligner ma vie sur cette vision d'un héritage positif et inspirant ?

Exemples : laisser un héritage tel que le goût de l'aventure, partir en voyage et le transmettre aux prochaines générations...

....

....

....

....

....

....

....

....

....

....

....

....

....

....

....

....

....

....

....

exercice

La carte de ma mission de vie

Grâce à ce schéma, vous pouvez cartographier vos relations (amoureuses, amicales, familiales, professionnelles...), vos loisirs, votre travail et vos valeurs.

VALEURS

Quelle est la valeur la plus importante à mes yeux ?

....

....

Comment je mets en pratique mes valeurs ?

....

....

Quel est mon rêve ultime ?

....

....

TEMPS PERSONNEL

Quelle importance je m'accorde ?

....

....

Quels sont mes passe-temps préférés quand je suis seul ?

....

....

MA MISSION DE VIE

RELATIONS

Comment j'agis au contact des autres ?

....

....

Est-ce que j'aime la compagnie ?

....

....

LOISIRS

Qu'est-ce que j'aime faire ?

....

....

Quels sont mes désirs, mes envies ?

....

....

Quelles sont mes passions ?

....

....

TRAVAIL

En équipe ? Seul ?

....

....

Quel travail me passionne ?

....

....

DÉCOUVRIR MA LUMIÈRE INTÉRIEURE GRÂCE À LA NUMÉROLOGIE

Dans l'Univers, les nombres nous entourent et ne nous sont pas associés par hasard. Chaque nombre possède une vibration particulière qui révèle des aspects de notre identité et le sens de notre existence. Ces vibrations numériques influencent notre vie et notre destinée de manière unique. Déterminer son chemin de vie à travers ces nombres peut offrir des éclaircissements essentiels pour découvrir et accomplir sa mission de vie, en alignant notre parcours avec les énergies qui nous sont propres.

Chemin de vie et numérologie

En numérologie, le concept de chemin de vie est primordial, il représente notre destinée, la voie à suivre pour satisfaire notre âme. Le chemin de vie se calcule à l'aide de notre date de naissance complète, ce chiffre est comme une empreinte invisible de notre vie.

Ainsi, en découvrant votre chemin de vie, vous pourrez vous ouvrir à de nouvelles pistes de réflexion, nourrir votre ambition ou vous fixer des objectifs. Le chemin de vie vous permet de vous focaliser sur votre force et vos capacités afin de vous aider à développer au mieux votre lumière intérieure.

Une fois que vous aurez pris connaissance de votre chemin de vie, vous allez vous découvrir et apprendre plus de choses sur vous, vos désirs, vos projets et révéler tout votre pouvoir.

Le libre arbitre

Il est possible que certains de vos désirs personnels ne soient pas inscrits dans votre chemin de vie, car celui-ci est une base à explorer et non un modèle à suivre. Grâce à lui, vous allez vous découvrir et repérer les concepts importants pour votre vie future. Votre âme se reconnaîtra sûrement dans le descriptif du chiffre, mais cela ne doit pas vous empêcher de suivre vos désirs profonds, l'un et l'autre se complètent. Vous gardez votre libre arbitre.

Je calcule mon chemin de vie

Pour connaître votre chemin de vie, c'est très simple : additionnez votre jour, votre mois et votre année de naissance. Si le résultat de cette addition est un nombre supérieur à 9, vous devez additionner les chiffres de ce résultat jusqu'à ce que vous obteniez un chiffre compris entre 1 et 9. C'est ce qu'on appelle la réduction.

Par exemple, si vous êtes né le 12/07/1997, vous devez poser le calcul suivant : 1 + 2 + 0 + 7 + 1 + 9 + 9 + 7 = 36. Puis on réduit : 3 + 6 = 9. Votre chemin de vie est donc le chiffre 9.

Toutefois, si après réduction vous obtenez les nombres 11, 22 ou 33, ne les réduisez pas. Ce sont des chemins de vie bien spécifiques, qui ont une portée spirituelle spéciale.

Par exemple, si vous êtes né le 22/11/2003, vous devez poser le calcul suivant : 2 + 2 + 1 + 1 + 2 + 0 + 0 + 3 = 11. On ne réduit pas le nombre car 11 est un chemin de vie.

Ma date de naissance :

...../...../.....

Calcul de mon chemin de vie :

..... + ... + ... + ... + ... + ... + ... + ... = ...

Si j'obtiens un nombre supérieur à 9, et autre que 11, 22 ou 33, je réduis :

..... + ... = ...

Les pierres de lumière

Chaque mission de vie dispose de sa propre énergie, qui peut être associée à une pierre naturelle, une pierre de lumière qui peut réconforter l'âme ou la révéler encore plus. Ce cristal peut vous aider à retrouver votre lumière.

Aucune obligation de l'emporter partout avec vous, mais il partage les mêmes énergies que votre mission de vie. La pierre intensifie votre force et votre énergie et agit comme un tremplin.

Chemin de vie 1
Leadership et indépendance

Vous êtes un leader avec un fort besoin d'indépendance : vous préférez sûrement prendre des initiatives et décider plutôt que suivre les opinions des autres. Dans votre âme se cache aussi une part de créativité et d'originalité, avec une approche unique et déterminante dans votre manière de penser.

Vos objectifs n'ont aucune limite, vous êtes une personne ambitieuse, qui n'a pas peur de l'échec.

Vous êtes prêt à prendre des risques et à essayer de nouvelles choses, afin de vivre des opportunités uniques. Votre énergie débordante vous pousse à être autonome, à vous remettre en question. Vous êtes une source d'inspiration pour les autres.

Cristal correspondant : la citrine.

Chemin de vie 2
Coopération et harmonie

Vous êtes plus orienté vers la coopération. Vous aimez les relations harmonieuses ; même en cas de conflit, vous préférez la diplomatie et trouver des solutions. Vous avez des facilités en matière de relations sociales. Vous aimez être entouré et vous êtes attentif aux émotions et aux besoins des autres.

Collaborer avec quelqu'un est pour vous le meilleur moyen d'exceller. Vous préférez travailler en équipe plutôt que seul, que ce soit dans votre vie personnelle ou professionnelle.

Il est possible que vous ayez un talent artistique ou une inclination pour les arts. Vous êtes minutieux et prêtez attention aux détails, car pour vous tout compte.

Vous possédez une grande capacité d'adaptation, qui vous permet d'être un caméléon dans n'importe quelle situation. Vous avez également une forte intuition qui vous permet d'évaluer finement les relations et d'éviter les conflits ou les tensions.

Cristal correspondant : le quartz rose.

Chemin de vie 3
Créativité et communication

Vous êtes sans doute très créatif ou créative et manifestez une forte inclination pour l'expression artistique. La communication est l'une de vos plus grandes qualités : vous disposez d'une grande éloquence, ce qui vous permet de communiquer efficacement avec les autres.

L'optimisme et la joie de vivre sont les caractéristiques de votre âme ; vous avez une posture lumineuse et donc la capacité d'être une personne solaire. Vous avez aussi un sens de l'humour bien développé, ce qui vous permet de créer des liens sociaux très facilement.

L'une des valeurs qui compte le plus pour vous est l'authenticité, que ce soit chez vous ou chez les autres.

Cristal correspondant : l'aigue-marine.

Chemin de vie 4
Structure et responsabilités

Vous êtes une personne stable et organisée ; pour évoluer, vous avez besoin de bases solides et d'un cadre. Vous ne tolérez pas qu'on se disperse et vous avez tendance à être un acharné au travail. La persévérance est l'une de vos principales qualités, vous êtes discipliné, déterminé et capable de surmonter tout un tas d'obstacles.

Vous avez également un sens aigu des responsabilités et aimez être missionné pour des requêtes importantes, que ce soit sur le plan professionnel ou personnel.

Vous êtes attaché aux valeurs familiales ainsi qu'aux traditions ; ce sont des moyens de vous retrouver et de vous rappeler d'où vous venez. Aux yeux des autres, vous apparaissez comme une personne très fiable sur qui on peut compter. Ils auront tendance à vous faire confiance et donc à vous confier beaucoup de secrets et de services.

Cristal correspondant : le jaspe rouge.

Chemin de vie 5
Liberté et adaptation

Vous aimez la liberté et l'indépendance, et l'isolement ne vous fait pas peur ; au contraire, vous aimez vous retrouver seul par moments.

L'aventure et l'exploration sont des orientations intéressantes pour vous, vous aimez sûrement le voyage et les défis. Votre plus grande qualité est l'adaptation : vous êtes capable de changer d'attitude en fonction de la personne que vous avez devant vous. Votre curiosité, votre énergie ainsi que votre enthousiasme sont débordants, ce qui facilite la connexion avec les autres.

Concernant votre vie professionnelle, vous avez besoin d'être passionné par votre activité. Vous êtes donc souvent en quête de changement, ce qui complique parfois votre situation professionnelle.

Cristal correspondant : la labradorite.

Chemin de vie 6
Empathie et équilibre

La responsabilité, la compassion ainsi que l'empathie sont des valeurs extrêmement importantes à vos yeux. Vous avez tendance à être très sensible aux besoins des autres, vous aimez rendre service à tout le monde. Il se peut que les domaines qui permettent d'aider les autres vous attirent.

Vous gardez en vous une part de grande créativité. Vous aimez mettre en place des stratégies pour que les personnes se sentent bien à vos côtés ou chez vous. Si vous avez ce chemin de vie, sachez que vous êtes capable de maintenir l'équilibre dans votre vie car vous êtes une âme fortement sensible à la chance et à l'abondance.

Cristal correspondant : le quartz fumé.

Chemin de vie 7
Intuition et curiosité

Vous faites attention à vos ressentis, vous disposez d'une grande intuition et, d'ailleurs, il est possible que la spiritualité vous intéresse. Votre grande ouverture d'esprit vous permet de disposer de compétences d'analyse et de réflexion au sujet de n'importe quelle situation.

La solitude est parfois nécessaire pour vous. Vous appréciez les moments de temps calme afin de réfléchir et de réorganiser votre esprit.

De plus, vous faites preuve d'une grande curiosité intellectuelle : vous aimez comprendre le fonctionnement des objets, des relations ou encore du monde qui vous entoure.

Vous êtes souvent plutôt observateur ou observatrice et réservé, vous écoutez attentivement les opinions d'autrui avant de dévoiler les vôtres. Vous aimez apprendre et vous former car pour vous l'une des principales richesses de l'humain est la connaissance.

Cristal correspondant : l'améthyste.

Chemin de vie 8
Ambition et réussite

Vous avez un fort désir de réussite dans ce monde et votre ambition est révélatrice de vos capacités intérieures. Vous attirez la lumière dans votre vie grâce à votre détermination, votre dynamisme et votre persévérance.

Au sein d'un groupe, vous avez tendance à vous positionner en tant que leader, vous aimez prendre le contrôle d'une situation. Vous faites attention aussi aux finances ; pour vous la gestion financière est importante, et vous êtes attentif à investir votre argent afin de le faire fructifier.

La quête de la confiance en soi est un parcours compliqué, parfois semé d'obstacles, mais pour vous il est primordial. Vous avez tendance à écouter vos émotions et à vous faire confiance.

Cristal correspondant : l'œil-de-tigre.

Chemin de vie 9
Altruisme et sagesse

Ce chemin de vie est souvent associé à un fort sentiment d'humanisme et d'altruisme. Le désir d'aider les autres et de contribuer au bien du monde vous motive. Vous êtes une âme empathique et à l'écoute, vous avez tendance à faire passer les besoins des autres avant les vôtres.

Vous disposez également d'une grande générosité, de sagesse et de compréhension face aux différentes situations auxquelles vous pouvez être confronté. Vous voyez toujours le positif dans toute situation, même si celle-ci est compliquée.

Vous n'êtes pas rancunier ou rancunière, et l'idée de vivre avec des remords vous déplaît. Vous profitez à fond de ce que la vie a à vous offrir sans vous soucier du lendemain.

Cristal correspondant : la pierre de lune.

Chemin de vie 11
Vision et spiritualité

Ce chemin de vie est étroitement lié à la spiritualité ; si vous êtes dans cette voie, c'est que vous avez une forte intuition. Vous avez tendance à être visionnaire, vous voyez au-delà des mots, vous êtes capable de comprendre l'état d'esprit d'une personne rien qu'à sa posture ou à sa façon d'agir envers vous. Vous disposez également d'une grande sensibilité émotionnelle.

Vous êtes du genre à beaucoup réfléchir. Certaines choses peuvent facilement vous tracasser, bien que vous cherchiez des solutions. Pour vous, la remise en question personnelle est primordiale quel que soit le sujet de discorde.

Vous aimez propulser les autres vers la réussite et vous prodiguez souvent des conseils en toute bienveillance.

Cristal correspondant : la sélénite.

Chemin de vie 22
Matérialisation et succès

Votre principale qualité est que vous transformez tous vos désirs en réalité. Vous attirez le succès grâce à votre détermination et votre envie d'apprendre. Vous avez tendance à tout prévoir en avance et à être structuré dans vos démarches ainsi que dans vos relations. Vous n'appréciez pas l'inattendu car l'inconnu vous fait peur.

Vous êtes une âme qui aime le leadership et vous portez sur vos épaules pas mal de responsabilités. Les autres ont tendance à attendre de vous que vous leur rendiez des services, car vous êtes pour eux une personne très inspirante.

Votre créativité profonde est pratiquement dédiée à tous vos projets. Vous aimez la nouveauté et saisissez chaque opportunité.

Cristal correspondant : le cristal de roche.

Chemin de vie 33
Compassion ultime

Ce chemin de vie est particulièrement spécifique. Les personnes qui le possèdent ont une compassion ultime qui est souvent utilisée pour aider les autres et qui dépassent leurs propres intérêts personnels. Vous aimez guérir et transmettre la joie autour de vous. Vous êtes sensible à tout ce qui est artistique ou culturel ; avoir une passion est très important pour vous.

Vous avez tendance à rendre service très facilement sans forcément attendre quoi que ce soit en retour. Vous vivez des émotions fortes car vous êtes très sensible, notamment lorsque vous êtes au contact des autres.

Cristal correspondant : la pierre de lune noire.

Je calcule mon nombre d'expression

Comme tout dans l'Univers, les noms sont dotés d'une certaine énergie, d'une certaine vibration, que ce soit vos prénoms et nom, le nom de votre entreprise ou celui que vous avez donné à votre maison, par exemple.

Chacune de ces vibrations est très utile pour déduire le caractère, les qualités ou encore les faiblesses d'une personne ou d'un lieu. En quelque sorte, son « profil psychologique ».

Pour déterminer cette vibration, sachez que chaque lettre de l'alphabet correspond à un chiffre comme dans le tableau ci-après.

1	2	3	4	5	6	7	8	9
A	B	C	D	E	F	G	H	I
J	K	L	M	N	O	P	Q	R
S	T	U	V	W	X	Y	Z	

Sous chacune des lettres de vos prénoms et nom, inscrivez le chiffre correspondant, puis additionnez tous les chiffres. Si vous obtenez un résultat supérieur à 9, et autre que 11, 22 et 33, réduisez-le (voir « Je calcule mon chemin de vie », page 42). Il est possible que vous ayez à effectuer de nouveau une réduction pour obtenir un chiffre entre 1 et 9 (ou 11, 22 et 33). Ainsi, vous obtiendrez votre nombre d'expression. Le nombre d'expression correspond au chiffre final que vous obtenez en faisant le calcul, il est symbolique et correspond à une signification.

Par exemple, pour une personne s'appelant Luna Marie Encatara, on pose le calcul : 3 + 3 + 5 + 1 + 4 + 1 + 9 + 9 + 5 + 5 + 5 + 3 + 1 + 2 + 1 + 9 + 1 = 67. On réduit : 6 + 7 = 13. On doit réduire de nouveau : 1 + 3 = 4.

SI ON A PLUSIEURS PRÉNOMS, LEQUEL PREND-ON ?

Tous ! Si vous souhaitez obtenir un nombre d'expression le plus précis possible, il vous faut mettre tous vos prénoms en plus de votre nom (de naissance pour les personnes mariées).

Mes prénoms et nom : ....

Chiffres correspondants : ....

Calcul : ....

Mon nombre d'expression est donc le :.....................

Nombre d'expression 1

Vous possédez un fort tempérament, et cela peut d'ailleurs parfois se retourner contre vous. Vous pouvez vous montrer opportuniste et vous ne vous laissez jamais marcher dessus.

Essayez tout de même d'exprimer davantage ce que vous ressentez.

Qualités : ambition, indépendance, détermination, créativité.

Points de vigilance : tendance à l'autoritarisme, impatience, difficulté à accepter les critiques.

Conseil : apprenez à travailler avec les autres et à écouter leurs points de vue. La collaboration peut vous mener plus loin.

Nombre d'expression 2

Certaines personnes vous définissent comme quelqu'un de froid, mais il ne s'agit que d'une carapace car en réalité vous êtes très sensible.

Excellent communicant, vous êtes également romantique et souvent à la recherche du bon partenaire.

Tâchez de vous ouvrir davantage aux autres pour qu'ils sachent ce que vous ressentez.

Qualités : empathie, coopération, pacifisme, sensibilité.

Points de vigilance : manque de confiance en soi, peur des conflits, tendance à s'effacer.

Conseil : ne sacrifiez pas vos besoins pour éviter les conflits. Apprenez à affirmer vos opinions tout en maintenant l'harmonie.

Nombre d'expression 3

Vous possédez une grande imagination et intuition, une vraie personnalité d'artiste.

Vous avez besoin de reconnaissance dans votre travail, et vous vous souciez parfois trop du regard des autres.

Soyez fier de vous en priorité. N'attendez pas trop des autres. Ce sera plus déstabilisant que réconfortant.

Qualités : créativité, sociabilité, optimisme, expressivité.

Points de vigilance : superficialité, dispersion, difficulté à se concentrer sur un seul projet.

Conseil : cultivez la discipline pour donner forme à vos idées. Apprenez à aller au bout de vos projets sans vous laisser distraire.

Nombre d'expression 4

Vous êtes quelqu'un de très maniaque. Vous voulez toujours que tout soit organisé et planifié.

Parfois, les responsabilités professionnelles vous effraient, ainsi que l'idée de tomber amoureux.

Qualités : organisation, travail, fiabilité, méthode.

Points de vigilance : rigidité, difficulté à accepter le changement, tendance à être trop sérieux.

Conseil : apprenez à lâcher prise, à vous détendre et à être plus flexible. Le changement peut parfois être bénéfique et ouvrir de nouvelles perspectives.

Nombre d'expression 5

Vous avez soif d'imprévu et de nouveauté. Étant quelqu'un de très curieux, vous recherchez sans cesse de nouvelles aventures.

Sur le plan amoureux, vous n'êtes prêt à aucun compromis. Essayez d'apprendre à mettre de l'eau dans votre vin et à faire des efforts.

Qualités : aventure, adaptabilité, curiosité, communication.

Points de vigilance : impulsivité, instabilité, difficulté à s'engager sur le long terme.

Conseil : trouvez un équilibre entre votre besoin de liberté et vos responsabilités. Apprenez à canaliser votre énergie dans des projets constructifs.

Nombre d'expression 6

Vous possédez une personnalité rêveuse, toujours à la recherche du grand amour. Vous êtes empathique et vous faites attention aux autres à défaut d'écouter vos propres ressentis.

Qualités : altruisme, responsabilité, amour, attention.

Points de vigilance : tendance à se sacrifier, perfectionnisme, difficulté à dire non.

Conseil : apprenez à mettre des limites. Prendre soin de vous est tout aussi important que prendre soin des autres.

Nombre d'expression 7

Vous êtes quelqu'un de très pragmatique, : vous étudiez et calculez le moindre détail dans votre vie. Vous ne laissez aucune place au hasard et vous pensez que le coup de foudre n'existe que dans les comédies romantiques.

Qualités : introspection, analyse, spiritualité, réflexion.

Points de vigilance : isolement, méfiance, tendance à trop intellectualiser.

Conseil : ne vous enfermez pas dans votre monde intérieur. Cherchez un équilibre entre la réflexion et l'action, et ouvrez-vous aux autres.

Nombre d'expression 8

Vous êtes quelqu'un de très ambitieux. Visionnaire et leader, vous dirigez les autres dans les projets de groupe.

Apprenez à déléguer parfois, car vous avez tendance à trop dominer les autres sur le plan affectif et professionnel.

Qualités : ambition, autoritarisme, pragmatisme, efficacité.

Points de vigilance : matérialisme, tendance à vouloir dominer, difficulté à gérer l'échec.

Conseil : apprenez à valoriser les relations humaines autant que les succès matériels. L'humilité et l'écoute sont des clés pour un leadership équilibré.

Nombre d'expression 9

Vous possédez une personnalité idéaliste. Vous rêvez d'un monde parfait où tout serait calme et harmonieux.

Par ailleurs, le mensonge vous insupporte. Comme vous êtes loyal et constant, votre entourage n'est jamais déçu.

Qualités : altruisme, générosité, idéalisme, vision.

Points de vigilance : désillusion, tendance à se disperser, difficulté à s'ancrer dans la réalité.

Conseil : apprenez à équilibrer vos idéaux avec la réalité. L'action concrète, même à petite échelle, peut avoir un grand impact.

Nombre d'expression 11

Vous avez une personnalité profondément intuitive et spirituelle. En tant que visionnaire, vous inspirez les autres avec vos idées novatrices et votre perspective unique sur la vie.

Qualités : intuition, inspiration, vision, spiritualité.

Points de vigilance : tension nerveuse, hypersensibilité, difficulté à gérer les attentes élevées.

Conseil : apprenez à gérer votre énergie et à rester ancré. Trouvez un équilibre entre vos idéaux spirituels et la vie quotidienne.

Nombre d'expression 22

Vous avez une âme de bâtisseur par excellence, capable de transformer vos visions grandioses en réalisations tangibles. Vous possédez une forte détermination et une grande capacité à organiser et à diriger des projets de grande envergure.

Qualités : vision, pragmatisme, capacité à réaliser de grandes choses, leadership naturel.

Points de vigilance : perfectionnisme, surcharge de responsabilités, tendance à se perdre dans des projets grandioses.

Conseil : restez concentré sur vos objectifs tout en maintenant un équilibre entre vos aspirations élevées et les réalités pratiques. N'oubliez pas de prendre soin de vous dans le processus. Faites attention à ne pas vous disperser dans trop de projets à la fois, et prenez le temps de vous reposer pour éviter le surmenage.

Nombre d'expression 33

Vous avez une personnalité profondément aimante et compatissante. En tant que guide et enseignant, vous aidez les autres à trouver leur propre chemin vers l'harmonie et l'épanouissement.

Qualités : empathie, sensibilité, altruisme.

Points de vigilance : attention à la gestion du stress et le fait de porter sur vos épaules les problèmes des autres.

Conseil : il est essentiel d'apprendre à poser des limites pour ne pas sacrifier votre propre bien-être en voulant toujours aider les autres.

exercice

Je calcule la vibration d'un lieu ou d'une adresse

La vibration d'une adresse, en particulier celle correspondant au numéro de votre rue et de votre maison, peut vous fournir des indications sur l'ambiance générale de l'habitation ou exercer une influence sur les personnes qui y vivent. Le numéro d'expression d'un lieu, que ce soit votre habitation personnelle, secondaire ou encore votre lieu de travail, peut vous aider à comprendre les énergies qui s'en dégagent.

Exemple : 333, chemin du Val des Rêves d'Or.

Numéro de l'habitation : 333

Pour le numéro de l'habitation, additionnez les chiffres ainsi :

3 + 3 + 3 = 9.

En vous référant au tableau de conversion se trouvant page 52, convertissez le nom de la rue en chiffres :

Lettre	C	H	E	M	I	N	D	U	V	A	L	D	E	S	R	E	V	E	S	D	O	R
Chiffre	3	8	5	4	9	5	4	3	4	1	3	4	5	1	9	5	4	5	1	4	6	9

Additionnez les chiffres du nom de la rue :

3 + 8 + 5 + 4 + 9 + 5 + 4 + 3 + 4 + 1 + 3 + 4 + 5 + 1 + 9 + 5 + 4 + 5 + 1 + 4 + 6 + 9 = 102.

Réduisez le total des chiffres pour le nom de la rue :

1 + 0 + 2 = 3.

Combinez le numéro de l'habitation et la rue :

Pour ce faire, additionnez les chiffres résultant des deux calculs :

9 (numéro de l'habitation) + 3 (nom de la rue) = 12.

Réduisez le total : 1 + 2 = 3.

Interprétation

La vibration du numéro de l'habitation est le 9, ce qui représente la fin d'un cycle, la sagesse, l'altruisme et les idéaux humanitaires. La vibration du nom de la rue est le 3, ce qui évoque la coopération, la diplomatie, la sensibilité et l'équilibre. La combinaison des deux donne 3, ce qui indique un environnement joyeux, festif et optimiste. C'est le lieu de l'abondance et des plaisirs.

J'inscris ci-dessous le numéro et le nom de rue de mon adresse :

....

....

....

....

J'additionne les chiffres de mon numéro d'habitation (et je réduis si nécessaire) :

....

....

....

En me référant au tableau de conversion se trouvant page 52, je convertis le nom de ma rue en chiffres :

Lettres

....

....

....

Chiffres

....

....

....

Je combine la vibration du numéro et celle du nom en les additionnant :

.... (numéro de l'habitation)

\+ .... (nom de la rue)

= ....

Et je réduis si besoin : ....

Vibration d'habitation 1

Le numéro 1 représente l'énergie du leadership, de l'indépendance et de l'initiative. Une habitation avec ce numéro favorise l'individualité, la créativité et l'entrepreneuriat.

Vibration d'habitation 2

Le numéro 2 symbolise l'harmonie, la coopération et la diplomatie. Une habitation avec ce numéro encourage la collaboration, les relations harmonieuses et le travail d'équipe.

Vibration d'habitation 3

Le numéro 3 est associé à la créativité, à l'expression personnelle et à l'optimisme. Une habitation portant ce numéro inspire un environnement artistique, joyeux et social.

Vibration d'habitation 4

Le numéro 4 représente la stabilité, la structure et le pragmatisme. Une adresse avec ce numéro apporte un sentiment de sécurité et d'ordre.

Vibration d'habitation 5

Le numéro 5 symbolise la liberté, l'aventure et le changement. Une habitation avec ce numéro favorise un style de vie dynamique, varié et axé sur l'exploration.

Vibration d'habitation 6

Le numéro 6 est associé à l'amour, à la responsabilité et à la compassion. Une habitation portant ce numéro crée un environnement familial, chaleureux et axé sur le bien-être de chacun.

Vibration d'habitation 7

Le numéro 7 représente la sagesse, la spiritualité et la recherche de la vérité. Une adresse avec ce numéro encourage la réflexion profonde, la méditation et la croissance spirituelle.

Vibration d'habitation 8

Le numéro 8 symbolise le succès, la prospérité et le pouvoir. Une habitation avec ce numéro influence la réussite financière, le leadership et la gestion efficace.

Vibration d'habitation 9

Le numéro 9 est associé à la compassion, à l'idéalisme et à la philanthropie. Une habitation portant ce numéro inspire un sentiment de service envers autrui et d'engagement social.

Vibration d'habitation 11

Le numéro 11 ne se réduit pas et porte une vibration très particulière. Cette énergie est associée au bonheur et à la créativité. Une habitation avec ce numéro renferme un lieu plein d'ambition et de positivité.

Vibration d'habitation 22

Le numéro 22 est également un nombre symbolique. Un lieu portant ce chiffre-là procure un sentiment de protection et de dynamisme. L'énergie renforcera l'empathie et la communication vers les autres.

Vibration d'habitation 33

Le numéro 33 est le dernier nombre énergétique qui ne se réduit pas et qui a une signification particulière. Une habitation portant ce numéro-là favorise l'amour. Les personnes qui habitent ici y trouvent du réconfort. C'est un lieu où elles peuvent se confier sans crainte. L'énergie qui s'en dégage est chaleureuse et altruiste.

PARTIE 2

J'explore mes blessures d'âme

Au cœur de notre être, nous sommes tous et toutes comme un diamant aux multiples facettes : certaines brillent de mille feux, d'autres sont plus sombres. Mais toutes font partie de notre essence.

Accepter notre part d'ombre, l'apprivoiser, c'est révéler notre véritable lumière. Car c'est dans l'obscurité que naît la clarté.

Cette partie du guide va vous permettre de mieux comprendre :

- Vos blessures d'âme,
- Comment transformer vos blessures en forces,
- Votre lignée transgénérationnelle,
- Vos liens transgénérationnels et comment s'en libérer,
- Vos vies antérieures et comment s'y connecter.

« Aimons la goutte d'eau
qui fait déborder le vase,
c'est grâce à elle
que commence
le changement. »

Véronique Debord

EXPLORER MES BLESSURES D'ÂME

Les blessures d'âme sont les marques laissées par les épreuves, les souffrances et les traumatismes que vous vivez au cours de votre existence.

Ces blessures peuvent prendre la forme de douleurs émotionnelles, de peurs profondes, de blocages psychologiques ou de souvenirs difficiles. Elles sont susceptibles d'affecter votre comportement, vos relations avec les autres et votre perception du monde. Il est totalement possible d'avoir plusieurs blessures d'âme, certaines plus présentes que d'autres.

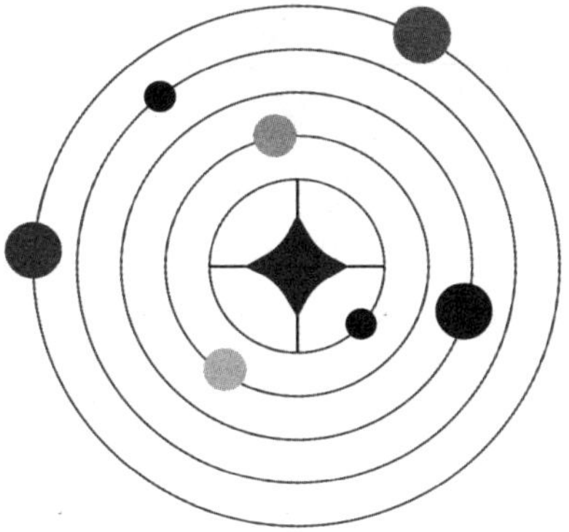

exercice

Mes huit blessures d'âme*

Si je devais décrire et représenter chaque blessure à l'aide d'une couleur, d'une image ou d'une citation, comment m'y prendrais-je ?

Pour chaque blessure, vous pouvez remplir ces petits carrés à votre guise : faites des collages, recouvrez-les de feutre ou inscrivez ce que cette blessure vous inspire.

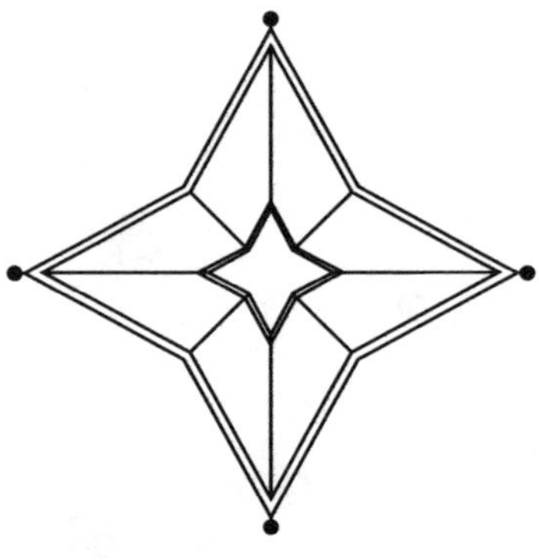

* Lise Bourdeau a créé le concept des cinq blessures d'âme retrouvées ici (abandon, rejet, humiliation, trahison, injustice). Dans l'approche de ce guide vous les retrouverez au côté de la culpabilité, de la dévalorisation et de l'appréhension.

ABANDON

HUMILIATION

TRAHISON

CULPABILITÉ

INJUSTICE

DÉVALORISATION

REJET

APPRÉHENSION

Ces blessures sont des portes vers la guérison et la transformation. En prenant conscience de leur présence et en les acceptant, vous entamez un processus de réparation et prenez conscience de vos forces cachées et de votre capacité à surmonter les épreuves.

Il ne s'agit pas de guérir ni de soigner vos blessures, mais d'apprendre à vivre avec et à vous en servir pour devenir encore plus fort. Elles sont des occasions de grandir, de vous transformer et de rayonner.

LES MÉCANISMES DE DÉFENSE

Les mécanismes de défense sont des stratégies psychologiques inconscientes mises en place pour vous protéger contre l'anxiété ou des menaces morales. Ils agissent comme des barrières qui aident à réduire ou à éviter temporairement les pensées, les sentiments ou toutes les situations, perçus comme trop difficiles à affronter.

Ils peuvent prendre de nombreuses formes, telles que :

- **le déni,** qui consiste à ignorer ce qui se passe ;
- **la projection,** qui implique d'attribuer, voire de comparer, votre ressenti à celui d'une autre personne ;
- **la rationalisation,** qui consiste à fournir des explications logiques à la situation afin de contourner réellement le fond du problème. (Par exemple, attribuer votre refus de participer à une activité à votre timidité, alors que ce refus est dû à la peur du rejet.)

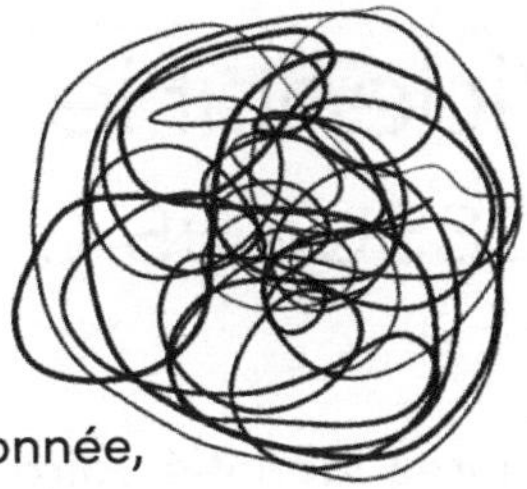

Blessure emprisonnée,
incomprise, refoulée.

Blessure camouflée
par vos mécanismes
de défense.

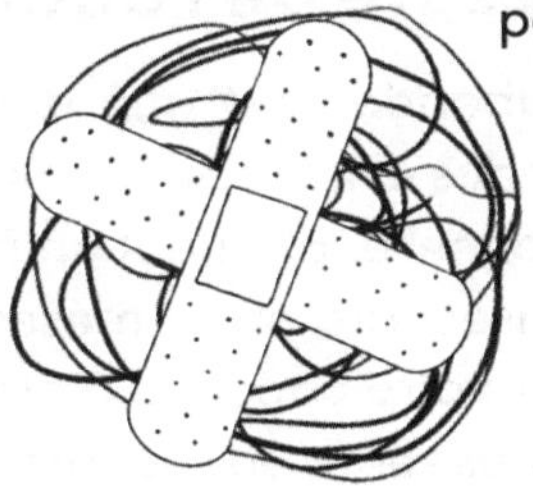

Blessure conscientisée,
dont la force est utilisée
en pleine conscience.

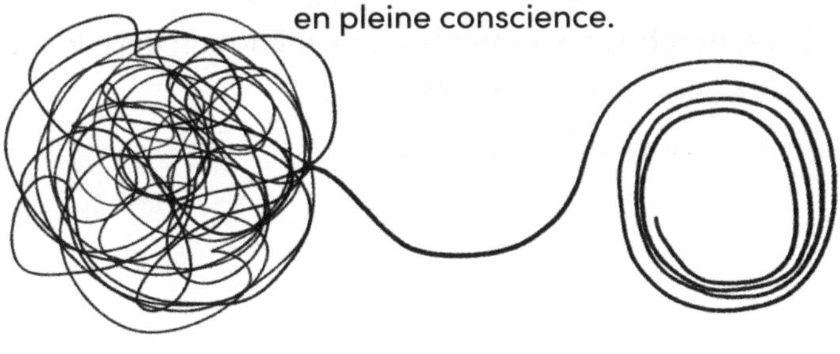

J'identifie mes blessures d'âme

Une fois que vous aurez identifié votre ou vos blessures d'âme, nous vous invitons à réaliser des rituels qui vous aideront à libérer tout ce que cette ou ces blessures induisent.

La blessure de l'abandon

La blessure de l'abandon est une douleur émotionnelle profonde causée par des expériences passées d'abandon ou de négligence émotionnelle. Elle peut entraîner un sentiment de vide intérieur, d'insécurité et de mésestime de soi. Cette blessure peut affecter votre capacité à établir des liens sains avec les autres et à vous sentir en sécurité dans vos relations.

Pour identifier si vous souffrez de la blessure de l'abandon, cochez les phrases ci-dessous qui résonnent particulièrement en vous :

- ☐ J'ai du mal à m'engager.
- ☐ Je ressens une certaine dépendance affective.
- ☐ J'ai du mal à exprimer mes émotions.
- ☐ Je recherche constamment une validation extérieure.
- ☐ Je me sens incapable d'être seul.
- ☐ Il m'arrive de m'autosaboter.

RITUEL APAISANT

Faire vivre votre enfant intérieur.

La blessure de l'abandon est principalement liée aux relations et provient souvent d'une empreinte de l'enfance. Pour l'apaiser, rapprochez-vous de vous : replongez-vous dans les photos de votre enfance, faites des activités qui vous plaisaient lorsque vous étiez enfant. Le but est de vous reconnecter avec votre vous intérieur et de vous montrer que la personne la plus importante et qui ne vous abandonnera jamais est vous.

Quelles sont les activités que j'aimais faire étant enfant ?

....

....

....

....

....

Quelles sont les activités que je peux réaliser aujourd'hui pour m'occuper de mon enfant intérieur ?

....

....

....

....

....

La blessure du rejet

Elle se manifeste lorsque vous vous êtes senti rejeté, exclu ou non accepté par les autres, ce qui peut entraîner un sentiment d'isolement, de tristesse et de faible estime de soi.

Pour identifier si vous souffrez de la blessure du rejet, cochez les phrases ci-dessous qui résonnent particulièrement en vous :

- ◻ Je prends les critiques personnellement.
- ◻ Je ne supporte pas les conflits.
- ◻ Je recherche en permanence la validation et l'approbation des autres.
- ◻ J'ai tendance à éviter les interactions sociales.
- ◻ Je n'ai pas confiance en moi.

RITUEL APAISANT

L'écriture libératrice.

La blessure du rejet peut être profondément enracinée et douloureuse. Pour me réconcilier avec moi-même, j'écris sur une feuille tout ce qui a provoqué ou provoque encore le rejet dans ma vie. Je brûle ensuite la feuille et j'enfouis les cendres dans la terre pour détruire toutes les énergies reliées à ces événements.

La blessure de l'humiliation

C'est un traumatisme psychologique profondément marquant résultant d'une expérience où l'on s'est senti dévalorisé, rabaissé ou humilié par autrui. Cette blessure affecte la confiance en soi et peut laisser des cicatrices émotionnelles durables.

Pour identifier si vous souffrez de la blessure de l'humiliation, cochez les phrases ci-dessous qui résonnent particulièrement en vous :

- ☐ J'ai une faible estime de moi.
- ☐ Je suis très sensible aux critiques, aux moqueries ou aux situations de rejet.
- ☐ Je me fais souvent des reproches, même pour des broutilles.
- ☐ J'ai tendance à éviter les situations sociales.
- ☐ J'ai très peur du jugement des autres.
- ☐ J'éprouve une grande colère envers moi-même ou envers d'autres personnes.
- ☐ J'ai une ou des addictions (alcool, écrans, tabac, sucre...).

RITUEL APAISANT

Les paroles bienveillantes.

Placez-vous devant un miroir et... parlez-vous. Au début, ça ne sera pas simple et il se peut que vous versiez des larmes. Dites-vous toutes les qualités que vous avez, offrez-vous des paroles et des mots encourageants, par exemple : « J'aime mes yeux, ils ont une jolie forme, je suis digne de respect et je suis une très bonne amie. »

La blessure de la trahison

La trahison peut être ressentie lorsqu'une personne proche, en qui vous aviez confiance, vous a trahi d'une manière ou d'une autre (infidélité, mensonge, manipulation financière...). Cela peut se manifester sous différentes formes, telles que la tromperie, la déloyauté, la manipulation ou la violation de la confiance. Il est important de noter que la trahison peut être perçue différemment par chacun, en fonction de ses expériences personnelles et de sa sensibilité.

Pour identifier si vous souffrez de la blessure de la trahison, cochez les phrases ci-dessous qui résonnent particulièrement en vous :

- ◘ J'ai du mal à faire confiance à de nouvelles personnes.
- ◘ Je doute de ma propre valeur.
- ◘ J'ai du mal à pardonner.
- ◘ Je me méfie de chaque personne même quand tout va bien.
- ◘ Je préfère être seul ou peu entouré.
- ◘ J'ai tendance à « contrôler » mes relations.
- ◘ Je suis très souvent sur la défensive lors des discussions ou dans mes relations.
- ◘ J'ai du mal à m'attacher aux autres.
- ◘ J'ai tendance à être exigeant et je n'accepte pas les erreurs dans mes relations.

RITUEL APAISANT

Je m'offre du temps.

La meilleure façon d'apaiser la douleur est de vous offrir un moment de bien-être comme un massage, un soin énergétique ou encore une méditation. Apaiser son âme, c'est aussi apaiser tout son corps et son esprit. Faire ce que vous appréciez contribue à équilibrer vos énergies. Vous pouvez parfaitement instaurer un moment rien que pour vous une fois par semaine. L'important est de vous accorder du temps.

La blessure de l'injustice

Elle est causée par des expériences perçues comme injustes ou inéquitables : discrimination, trahison, abus de pouvoir, harcèlement ou toute autre forme d'injustice qui viole vos valeurs morales ou personnelles.

Pour identifier si vous souffrez de la blessure de l'injustice, cochez les phrases ci-dessous qui résonnent particulièrement en vous :

- ☐ Je ressens beaucoup de colère et de ressentiment.
- ☐ Je rumine des épisodes douloureux de mon passé.
- ☐ J'ai du mal à faire confiance aux autres ou à établir des relations saines.
- ☐ J'ai tendance à minimiser mes besoins et émotions pour éviter les conflits.
- ☐ J'ai souvent des cauchemars, des flashbacks ou des troubles du sommeil.

RITUEL APAISANT

J'enterre les souvenirs d'injustice.

Pour inverser la balance, j'écris sur une feuille toutes les situations ou tous les mots qui m'ont enfermé dans le sentiment d'injustice, puis je l'enterre dans un endroit où je ne retournerai jamais.

La blessure de la culpabilité

La culpabilité est un sentiment profond, qui nous enchaîne à des peurs et du stress. Cette blessure peut se manifester durant des périodes de doute et de tension au sein des relations. Elle peut résulter de divers événements ou expériences de vie, tels que des erreurs commises, des choix regrettables, des actions blessantes envers autrui, ou même des cas où l'on s'est senti responsable de conséquences négatives qui ne sont pas directement de notre fait.

Pour identifier si vous souffrez de la blessure de la culpabilité, cochez les phrases ci-dessous qui résonnent particulièrement en vous :

- ☐ Je me critique beaucoup.
- ☐ Je me juge souvent coupable, même pour des broutilles.
- ☐ J'ai tendance à me mettre dans des situations difficiles.
- ☐ Le succès me fait peur.
- ☐ Je fais tout pour éviter les conflits ou les confrontations.
- ☐ J'éprouve souvent le besoin de demander pardon.
- ☐ J'ai une faible estime de moi-même.

RITUEL APAISANT

Je prends soin de moi.

Comme la blessure de la trahison, la blessure de la culpabilité est difficile à apaiser car on peut avoir tendance à vivre dans le passé. Il faut accepter la situation et surtout en parler. Offrez-vous des moments de bien-être comme des massages, des soins énergétiques ou des séances de méditation.

La blessure de l'appréhension

C'est une blessure profonde causée par des sentiments de peur intense, d'anxiété et d'insécurité. Elle peut résulter d'événements traumatiques tels que l'abus, la négligence, la perte d'un être cher ou des expériences de vie stressantes et traumatisantes.

Pour identifier si vous souffrez de la blessure de l'appréhension, cochez les phrases ci-dessous qui résonnent particulièrement en vous :

- ◻ Je suis très anxieux.
- ◻ J'ai des phobies.
- ◻ Je veille à éviter les situations stressantes.
- ◻ Je suis en hypervigilance et tension permanente.
- ◻ J'ai du mal à faire confiance aux autres.
- ◻ J'éprouve un grand sentiment de vulnérabilité.
- ◻ Je me pose toujours des centaines de questions.

RITUEL APAISANT

Je fais face à mes peurs petit à petit.

La meilleure façon de « vaincre » et de soulager la blessure de l'appréhension est de faire ce qui vous fait peur. Par exemple, si vous avez peur de sortir quand il y a du monde car vous avez tendance à vous isoler, autorisez-vous à sortir en extérieur ; même si c'est dans un endroit calme et isolé, c'est un bon début.

La blessure de la dévalorisation

C'est un sentiment profond d'insuffisance, de faiblesse et de manque d'estime de soi. Elle donne l'impression que tout est notre faute, et qu'on est responsable du malheur des autres et de nos propres peines. C'est une blessure émotionnelle qui peut être causée par des expériences passées de rejet, de critiques récurrentes, d'abus émotionnel ou de comparaisons constantes avec les autres.

Pour identifier si vous souffrez de la blessure de la dévalorisation, cochez les phrases ci-dessous qui résonnent particulièrement en vous :

- ☐ J'entends souvent une petite voix dans ma tête qui me critique et me rabaisse.
- ☐ Je recherche souvent l'approbation et la validation des autres.
- ☐ Par crainte de ne pas réussir, j'évite les nouveaux défis.
- ☐ Je me compare constamment aux autres.
- ☐ J'ai du mal à accepter les compliments.

RITUEL APAISANT

Les paroles bienveillantes.

Pour apaiser la blessure de la dévalorisation, le rituel des paroles bienveillantes (voir page 77) est un outil extrêmement précieux.

TRANSFORMER MES BLESSURES EN FORCES

Soyez bienveillant envers vous-même et accordez-vous le droit de ressentir de la tristesse, de la colère ou de la peur face à vos blessures. En vous traitant avec compassion et en vous pardonnant, vous guérirez plus vite et pourrez avancer sereinement.

Chaque blessure d'âme renferme une leçon à tirer. J'analyse ce que j'ai vécu, ce que ces expériences ont à m'apprendre sur moi-même et sur les autres.

Mes objectifs pour transformer mes blessures en forces :

Exemple : Accepter une invitation si j'ai peur du rejet.

espace d'écriture

J'AVANCE DANS MA TRANSFORMATION

Face à une situation compliquée (peine et/ou contrariété dans ma vie, échec ou imprévu), quelle posture est-ce que j'adopte en général ?

Exemples : « J'ai tendance à fuir », « J'ai tendance à m'isoler », « J'ai tendance à me mettre en colère »...

Quelles sont les émotions que je ressens dans cette situation ?

....

....

....

....

....

....

....

J'évalue sur une échelle de 0 (pas du tout) à 10 (totalement) mes relations avec mes proches (amis, amour et famille), en termes de confiance, stabilité et sérénité.

Selon le proche que vous choisissez, il peut y avoir une différence ; si c'est le cas, vous pouvez faire plusieurs petits groupes en fonction du cercle relationnel. Par exemple, cercle amical : 8/10 ; cercle familial : 9/10 ; cercle affectif : 6/10.

....

....

....

....

....

....

....

....

exercice

Je travaille mes blocages émotionnels

Ai-je déjà eu l'impression d'être bloqué émotionnellement ? Si oui, à quel type de blessure cela faisait plutôt référence par rapport aux émotions ressenties ?

Pour vous aider, nous avons créé un tableau afin de vous expliquer comment lier une émotion provoquée par un événement à une blessure d'âme.

Instructions pour remplir le tableau

1 Colonne « Événement » : inscrivez un événement marquant ou bouleversant qui vous a affecté. (Exemples : perte d'un proche, échec à un examen, conflit familial…)

2 Colonne « Émotions » : notez la ou les émotions que vous avez ressenties à la suite de cet événement. (Exemples : tristesse, colère, peur, frustration…)

3 Colonne « Blessure d'âme » : consultez les descriptions des différentes blessures d'âme (pages 74 à 82) et identifiez celle qui correspond à cet événement. (Exemples : rejet, abandon, humiliation, trahison…)

Événement	Émotions	Blessure d'âme
Exemple : rupture sentimentale	*Exemples : tristesse, colère*	*Exemple : abandon*

Événement	Émotions	Blessure d'âme
Exemple : rupture sentimentale	*Exemples : tristesse, colère*	*Exemple : abandon*

Événement	Émotions	Blessure d'âme
Exemple : rupture sentimentale	*Exemples : tristesse, colère*	*Exemple : abandon*

Après avoir rempli le tableau, je réalise le rituel associé aux blessures d'âme identifiées pour travailler sur ces aspects. Retrouvez les détails des rituels à la fin du guide.

espace d'écriture

JE POSITIVE AUTOUR DE MES BLESSURES

Comprendre la puissance de mes blessures et comment les utiliser comme une force.

J'écris ci-dessous tous mes blocages ou mes blessures. Puis, en-dessous, j'écris la leçon qu'ils m'ont apprise.

Exemple : « J'ai été abandonnée par mon père lorsque j'étais enfant, et depuis j'ai du mal à faire confiance à un homme. »

↓

« J'apprends à trouver les ressources en moi et à apprécier ma propre présence sans dépendre de celle des autres. »

Comme nous l'avons expliqué dans ce chapitre, les blessures d'âme proviennent d'épreuves que vous avez vécues au cours de votre existence. Elles peuvent aussi venir de votre lignée transgénérationnelle. Nous allons maintenant voir comment se délester des bagages qui ne nous appartiennent pas.

« L'inconscient a bonne mémoire, il aime les liens de famille et marque les événements importants du cycle de vie par répétition de date ou d'âge. »

Anne Ancelin Schützenberger

DÉCOUVRIR MA LIGNÉE TRANSGÉNÉRATIONNELLE

Le transgénérationnel est comme un fil invisible qui vous relie à vos ancêtres. C'est un peu comme si vos parents et grands-parents vous avaient laissé des valises remplies de choses, certaines joyeuses, d'autres un peu plus lourdes : des moments difficiles, des secrets, des histoires d'amour compliquées…

Même si vous n'êtes pas au courant de l'existence de ces « valises », elles peuvent avoir des effets sur vous : des blocages, des tristesses ou même des schémas de comportement étranges. Par exemple, si vous ressentez de la colère incompréhensible ou avez du mal avec les relations amoureuses, ce peut être dû au fait qu'un de vos ancêtres a vécu une injustice ou une trahison (divorce, mensonge, déshéritement…).

Le transgénérationnel peut même parfois créer des schémas répétitifs. Par exemple, si vous avez des problèmes de confiance en vous sans vraiment comprendre pourquoi, vous pourriez découvrir en explorant votre histoire familiale que votre grand-père a connu une expropriation ou une faillite, et que cela a laissé des traces dans la famille.

Explorer ses histoires familiales, les comprendre et faire des rituels pour honorer vos ancêtres peut vous aider à mieux comprendre qui vous êtes et pourquoi vous réagissez de certaines manières. C'est un chemin vers la guérison émotionnelle et une meilleure compréhension de soi.

espace d'écriture

J'IDENTIFIE MES LIENS TRANSGÉNÉRATIONNELS

Histoires de famille

Qui sont les membres de ma famille que je connais le mieux et pourquoi ?

Y a-t-il des histoires familiales que j'ai souvent entendues ?

Prénoms symboliques

Ai-je hérité d'un prénom d'un ou de plusieurs ancêtres ?

....

....

....

....

....

....

....

....

....

Est-ce que je connais l'histoire de cette personne ?

....

....

....

....

....

....

....

....

....

....

Que signifie mon prénom, et ai-je des informations sur la personne qui me l'a donné ?

Événements familiaux

Y a-t-il eu des moments marquants dans ma famille proche ?

Exemples : mariages, décès, déménagements... Ces événements marquent ma lignée, que ce soit dans l'union ou la séparation.

Comment ces événements ont-ils influencé ma famille ?

Exemples : « Après le divorce de mes parents, on s'est serré les coudes, mon frère, ma sœur et moi » ou « Lorsque j'ai déménagé dans le Sud de la France, j'ai un peu perdu de vue ma famille du côté paternel ».

Traits familiaux

Existe-t-il des caractéristiques communes parmi les membres de ma famille ?

Exemples : agressivité, hypersensibilité, colère, maniaquerie…

....

....

....

....

....

....

....

....

Y a-t-il des comportements qui se répètent au fil des générations ?

....

....

....

....

....

....

....

....

Relations familiales

Comment les relations familiales ont-elles changé au fil du temps ?

Exemples : éloignement, rapprochement, disputes, division au sein de la lignée...

....

....

....

....

....

....

....

....

....

....

....

....

....

....

....

....

....

....

Y a-t-il des schémas de relations familiales que je remarque ? Il peut s'agir de traditions, de façons de penser ou de se comporter.

Exemples : divorces répétitifs, émotions comme la colère, faillites, présence de métiers spécifiques ou carrière familiale...

....

....

....

....

....

....

....

....

....

....

....

....

....

....

....

....

....

....

....

Secrets de famille

Est-ce que je connais des secrets de famille ou des événements cachés ?

Exemples : inceste, enfant caché, abus physiques, adultère…

....

....

....

....

....

....

....

Comment ces secrets pourraient-ils affecter ma vie de famille actuelle ?

....

....

....

....

....

....

....

....

....

Changements de nom

Y a-t-il eu des changements de nom dans ma famille ? Pourquoi ?

....

....

....

....

....

....

....

....

Comment ces changements pourraient-ils avoir influencé ma famille ?

....

....

....

....

....

....

....

....

....

Métiers de famille

Est-ce que certaines professions se transmettent de génération en génération dans ma famille ?

....

....

....

....

....

....

....

....

Ma famille a-t-elle influencé mon choix professionnel ?

....

....

....

....

....

....

....

....

....

....

Rites familiaux

Ma famille a-t-elle des traditions ou des cérémonies familiales ?

Exemples : repas de famille hebdomadaire, traditions religieuses...

....

....

....

....

....

....

....

....

Comment ces rituels sont-ils liés à l'histoire de ma famille ?

....

....

....

....

....

....

....

....

J'IDENTIFIE MES LIENS ÉMOTIONNELS

Les émotions nous traversent constamment, mais elles ne restent que quelques secondes dans notre corps. Cependant, lorsqu'elles sont liées à une expérience douloureuse ou à un traumatisme, ces émotions se transforment en blessures émotionnelles et s'ancrent dans l'énergie de la personne. Elles y demeurent jusqu'à ce qu'elles soient libérées par une prise de conscience, un soin énergétique, une thérapie, ou un autre processus de guérison.

Ces blessures peuvent aussi se transmettre par le biais de la socialisation, notamment à travers les peurs projetées par nos parents. Par exemple, si votre mère a été mordue par un chien lorsqu'elle était jeune, elle a probablement associé cet animal à un danger. Par souci de protection, elle vous transmet cette peur de manière inconsciente en vous disant : « Ne t'approche pas des chiens, ils peuvent mordre. » En conséquence, vous héritez de cette émotion, bien que vous n'ayez jamais vécu l'expérience directement. Il s'agit là d'un lien émotionnel que l'on vous a transmis.

Comment les émotions et les comportements se transmettent-ils de génération en génération dans ma famille ?

Exemples :

- ***Par la construction de la confiance en soi :*** *un parent qui encourage et valorise ses enfants peut transmettre une bonne estime de soi, tandis que des critiques constantes peuvent engendrer un sentiment d'insécurité.*
- ***Par l'habitude d'entretenir une bonne communication :*** *dans une famille où l'on parle ouvertement des émotions, les enfants apprennent à exprimer leurs sentiments. À l'inverse, dans une famille réservée, cela peut devenir difficile.*
- ***Par un mode de vie sain :*** *une famille qui valorise la santé et l'exercice peut transmettre ces valeurs. Si le travail prime sur les loisirs, les enfants pourraient reproduire ce schéma à l'âge adulte.*

....

....

....

....

....

....

....

....

....

....

....

Y a-t-il des schémas émotionnels que j'observe chez plusieurs membres de ma famille ?

- ***Par la construction de la confiance en soi :*** *un parent qui encourage et valorise ses enfants peut transmettre une bonne estime de soi, tandis que des critiques constantes peuvent engendrer un sentiment d'insécurité.*
- ***Par l'habitude d'entretenir une bonne communication :*** *dans une famille où l'on parle ouvertement des émotions, les enfants apprennent à exprimer leurs sentiments. À l'inverse, dans une famille réservée, cela peut devenir difficile.*
- ***Par un mode de vie sain :*** *une famille qui valorise la santé et l'exercice peut transmettre ces valeurs. Si le travail prime sur les loisirs, les enfants pourraient reproduire ce schéma à l'âge adulte.*

....

....

....

....

....

....

....

....

....

....

....

....

ME LIBÉRER DES LIENS TRANSGÉNÉRATIONNELS

Avant de plonger dans ces rituels libérateurs, accordez-vous un moment pour préparer votre corps et votre mental. Créez une ambiance propice en écoutant par exemple la playlist « Helia Mind » sur Spotify ou sur YouTube, qui est une musique en 432 hertz pour vous détendre. Si cela vous inspire, vous pouvez aussi allumer une bougie blanche.

https://open.spotify.com/playlist/220xUXcHxyydpFxLkkvmhL?si=3Ywwx2hCSdid5cAyvF-6zA&pi=e-L0WJJtK7RPaP.

exercice

Je crée mon arbre généalogique

Dans cette section, vous allez construire votre arbre généalogique personnel pour explorer les liens transgénérationnels qui façonnent votre lignée familiale.

Cela permettra d'identifier les liens transgénérationnels qui influencent votre vie, et de vous libérer des schémas familiaux répétitifs. En visualisant ces relations sur papier, il devient possible de repérer les dynamiques de confiance et les aspects potentiellement toxiques au sein de la lignée. Ce processus facilite la prise de conscience des héritages émotionnels et comportementaux, ouvrant ainsi la voie à une exploration plus profonde et à une transformation personnelle.

Un génosociogramme est une représentation visuelle utilisée en psychogénéalogie pour cartographier les relations familiales, les dynamiques intergénérationnelles et les événements marquants au sein d'une lignée familiale. Voici comment procéder pour en créer un.

Préparation

Avant de commencer, rassemblez autant d'informations que possible sur votre famille, notamment les noms, prénoms, dates de naissance et de décès, ainsi que des détails sur les événements significatifs tels que les mariages, les séparations, les décès prématurés, les maladies graves, les migrations, etc.

Matériel nécessaire

Vous aurez besoin d'un grand espace de travail, comme une feuille de papier A3 ou un tableau blanc, pour dessiner votre génosociogramme. Assurez-vous d'avoir des stylos ou des feutres de différentes couleurs.

Réalisation

- Pour commencer, inscrivez vos prénoms et nom au centre en bas de page, puis, au-dessus, inscrivez ceux de vos parents, puis, encore au-dessus, ceux de vos grands-parents, et enfin ceux de vos arrière-grands-parents. Prévoyez de l'espace (environ six lignes) entre chaque ligne et sous le nom de chaque personne.
- Dans l'espace dédié à chaque personne, notez les informations clés : dates de naissance et de décès, ainsi que tout événement important qui pourrait influencer les relations familiales (mariage, divorce, maladie...).
- Utilisez des formes différentes pour représenter les hommes et les femmes (par exemple, entourez d'un cercle le nom des femmes et d'un carré celui des hommes).

- Tracez des flèches pour montrer comment les traits familiaux, qu'ils soient positifs ou négatifs, se transmettent.
- Signalez les événements spécifiques comme les conflits, les maladies héréditaires, les traumatismes, les réussites familiales, etc. en les représentant par des symboles ; par exemple, sous le nom de la ou des personnes concernées, utilisez une étoile pour signifier qu'il y a (eu) un secret de famille, un triangle pour signifier une maladie mentale, etc. Veillez à établir la liste des légendes correspondantes.

Réflexion et analyse

Une fois que vous avez établi votre génosociogramme, prenez le temps de l'examiner. Observez s'il y a des schémas récurrents, quelles sont les tendances familiales et les influences intergénérationnelles.

Réfléchissez à la manière dont ces relations et événements ont pu façonner votre identité et vos expériences.

Utilisez cette visualisation pour explorer des questions profondes sur votre histoire familiale, identifier des schémas répétitifs, et potentiellement amorcer un processus de guérison et de transformation personnelle.

Exemple génosociogramme

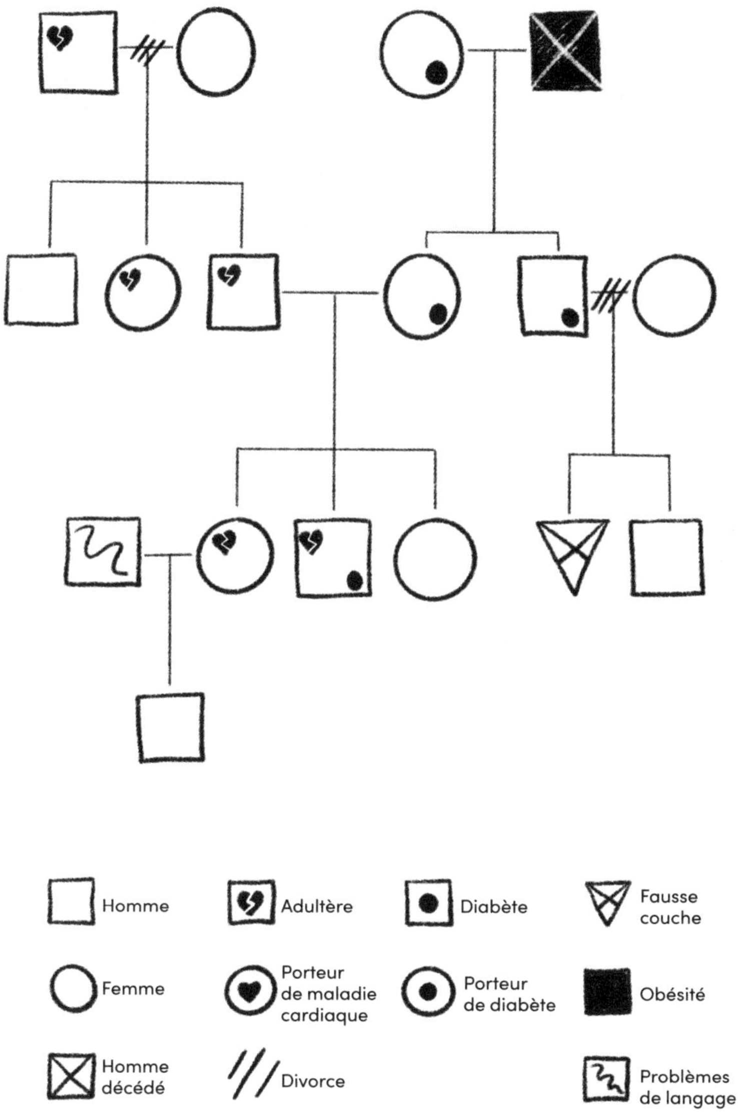

JE RÉDIGE UNE LETTRE DE LIBÉRATION À UN ANCÊTRE

Rédigez une lettre à un ancêtre en particulier ou à votre lignée familiale : exprimez ce que vous ressentez et posez votre intention de libérer les charges émotionnelles (voir « Lettre à quelqu'un que j'aime », page 170, et « Lettre à un proche défunt », page 172).

Vous pouvez ensuite brûler la lettre en symbole de libération.

À quels ancêtres je décide de rédiger une lettre de libération ?

1 ....

....

2 ....

....

3 ....

....

4 ....

....

JE RENDS HOMMAGE À MES ANCÊTRES

Créez un autel avec des photos, des objets qui appartenaient à vos ancêtres (bague, montre, vêtement…) ou des symboles les représentant. Allumez une bougie pour honorer leur mémoire. Méditez pendant quelques minutes en contemplant la flamme de la bougie ou les yeux fermés afin de vous remémorer votre ancêtre. Vous pouvez même, si vous le sentez, échanger avec lui ou elle dans votre tête, voire à voix haute. Puis, quand vous êtes prêt, laissez-le retourner à sa vie et retournez à la vôtre en prononçant à voix haute les paroles suivantes : « Je libère toute influence négative et je célèbre les enseignements précieux que tu m'as transmis. Merci pour ton héritage, que je porte désormais avec sagesse et compassion. »

Répondez maintenant aux questions ci-après.

J'écris ici le nom de l'ancêtre à qui je veux consacrer une cérémonie :

....

....

....

....

Quelle phrase ai-je de envie de lui dire ?

Exemple : « Grand-mère Marguerite, je te remercie pour ta force et ta douceur qui résonnent encore en moi aujourd'hui. Je choisis de libérer toute peur liée à notre histoire pour accueillir la paix et l'amour que tu m'as toujours offerts. »

....

....

....

....

Je pense à un souvenir significatif que j'ai partagé avec cet ancêtre. J'écris quelques lignes pour le revivre brièvement et honorer cette mémoire.

Exemple : « Je me souviens des après-midi passés dans ton jardin à écouter tes histoires. Ces moments de connexion ont nourri ma curiosité et ma créativité, et ils restent gravés comme des joyaux dans mon cœur. »

....

....

....

....

....

En inscrivant ces mots et en évoquant ces souvenirs, vous engagez un dialogue intérieur puissant avec votre lignée, favorisant ainsi la guérison et l'intégration des enseignements ancestraux dans votre vie présente.

LE RITUEL DE L'EAU

Remplissez un bol d'eau et visualisez-y l'énergie de vos ancêtres (addiction, manipulation, adultère, difficulté à la procréation...).

Plongez les mains dans l'eau tout en affirmant votre désir de libération.

Ensuite, jetez l'eau dans la nature, afin de symboliser que vous vous délestez des charges transmises par votre ou vos ancêtres.

LE RITUEL DES PLANTES

Plantez un arbre ou une plante dans le sol en symbole de croissance, de guérison et de libération. Pendant que vous plantez, concentrez-vous sur votre intention de rompre avec les schémas transgénérationnels en rendant à la terre les liens usagés.

Si vous n'avez ni de jardin ni la possibilité de planter un végétal, vous pouvez en faire le dessin.

Tracez une ligne horizontale à peu près à mi-hauteur de l'espace ci-dessous, puis, en symbole de croissance, dessinez au-dessus le tronc fin d'une plante avec des pousses vertes. Dessinez des racines visibles sous le sol afin de symboliser la connexion à la terre et à l'ancrage.

Pour représenter la guérison, ajoutez des éléments apaisants tels que des fleurs en train d'éclore ou les rayons du soleil. Enfin, faites acte de libération en dessinant des oiseaux en vol ou des papillons, symboles de transformation et de liberté retrouvée.

LE RITUEL POUR ME RECONNECTER À MON ÉNERGIE INITIALE

Ce rituel vous permettra de récupérer votre énergie et de vous ancrer davantage dans une relation plus saine avec vous-même et les autres. Profitez de ce moment pour vous, avec bienveillance et amour.

Pour commencer, sollicitez la protection et le soutien de vos guides, de la Source, des anges ou d'autres énergies bienveillantes.

Pour vous ancrer pleinement dans le moment présent, nous vous incitons à réaliser un soin intemporel de 11:11 minutes pour clarifier votre intention et vous aligner avec la vibration du cœur. Le but est de vous mettre dans un état méditatif.

Répétez trois fois : « J'appelle toute l'énergie qui m'a été volée ou que j'ai laissé se disperser, consciemment ou inconsciemment. Après avoir été complètement nettoyé, je demande que cette énergie revienne en moi pour toujours. »

Laissez cette énergie imprégner toutes vos cellules : vous pouvez fermer les yeux, visualiser vos différents corps et chakras (voir pages 147 et 150). Vous pouvez aussi ressentir des courants chauds ou froids vous traverser.

Accueillez ce sentiment de complétude : intégrez sur le dessin ci-contre des éléments visuels de lumière et d'énergie subtile vous entourant et symbolisant l'énergie qui revient à vous. Puis ajoutez des symboles doux et apaisants comme des courants d'énergie (chauds ou froids) et des éléments naturels (comme des feuilles ou des fleurs) pour représenter la réintégration de l'énergie dispersée.

ME RECONNECTER À MES VIES ANTÉRIEURES

Vos blessures peuvent venir de votre passé intérieur, c'est-à-dire de vos vies antérieures. À la naissance, une toile invisible se déploie et cache vos souvenirs pour vous immerger dans cette nouvelle aventure humaine, vous offrant l'opportunité d'explorer, d'apprendre et de grandir sans être entravé par le poids des mémoires antérieures – c'est ce que l'on appelle « la loi de l'oubli ».

Cet oubli est essentiel pour permettre à chaque incarnation d'être une expérience nouvelle et unique, sans être influencée par les mémoires et les expériences passées.

Cependant, ces expériences passées ne sont pas complètement effacées. Elles restent stockées dans notre inconscient et influencent notre comportement, nos réactions émotionnelles et nos schémas de vie.

Bien que nous ne nous souvenions pas consciemment de nos vies antérieures, nous pouvons ressentir leur influence de plusieurs façons :

- **Déjà-vu :** ces sentiments de déjà-vu ou de reconnaissance immédiate d'une personne ou d'un lieu peuvent être des réminiscences de vies passées.
- **Talents inexplicables :** des aptitudes ou des compétences naturelles inexplicables peuvent être des souvenirs de compétences acquises dans des vies antérieures.
- **Phobies et peurs :** des peurs irrationnelles et des phobies peuvent souvent être des résidus de traumatismes passés.

LES LOIS D'INCARNATION

En acceptant de s'incarner, notre âme signe un contrat avec les codes spécifiques de cette planète, les lois d'incarnation :

- la loi de l'oubli ;
- la loi de la dualité ou de l'illusion de la séparation ;
- la loi de l'impermanence ;
- la loi de cause à effet ou loi du karma ;
- la loi du libre arbitre.

Des bribes de mémoire de vos vies antérieures sont ainsi susceptibles d'émerger à travers vos rêves ou vos expériences, agissant comme des flashs qui illuminent votre conscience. Certains souvenirs peuvent constituer des entraves qui affectent votre bien-être actuel. Ce que vous avez vécu auparavant impacte d'une manière symbolique qui vous êtes maintenant. Par exemple, vous pouvez ressentir un sentiment d'étouffement ou de panique lié à des expériences passées telles que la noyade.

Chaque exploration de vos vies antérieures contribue alors à vous libérer des énergies bloquées et permet à votre être actuel de respirer librement et de s'épanouir dans le présent.

espace d'écriture

JE DÉCOUVRE MES VIES ANTÉRIEURES

Nous vous proposons maintenant de répondre à cette série de questions. La recherche de vos vies antérieures vous apportera peut-être les réponses aux questions sur votre vie actuelle.

Ai-je déjà ressenti une connexion inexplicable avec un lieu, une époque ou une situation comme si j'en avais déjà fait l'expérience ?

Cela peut se représenter sous forme lucide ou non : il est possible d'avoir une sensation de déjà-vu dans la vie de tous les jours, mais aussi dans les rêves. Par exemple, vous assistez à une réunion de travail et soudain, pendant que vous écoutez la présentation, vous avez l'impression intense que vous avez déjà vécu exactement cette même réunion, avec les mêmes personnes, les mêmes discussions et jusqu'aux vêtements que vous portez. Cette sensation fugace vous laisse momentanément perplexe et vous fait remettre en question votre perception du temps et de la mémoire.

....

....

....

....

.Ai-je du mal à relier ma plus grande peur ou mes blocages à des événements de ma vie ? Pourrais-je envisager qu'ils soient liés à des expériences passées dissimulées derrière le voile de l'oubli ?

....

....

....

....

....

....

....

Y a-t-il des aspects de ma personnalité, des talents ou des réactions émotionnelles qui ne trouvent pas d'explication dans ma vie ?

Exemple : « J'ai l'oreille musicale, il suffit que j'entende le début d'une chanson pour pouvoir jouer l'entièreté du morceau, or personne de ma famille n'est musicien et le milieu dans lequel j'ai grandi ne m'y disposait pas du tout. »

....

....

....

....

....

....

....

Quels enseignements puis-je tirer de mon passé pour améliorer mon présent ?

Exemples : « Je suis toujours malade en voiture, je peux vomir ou me sentir complètement désorienté, je pense être mort défenestré lors d'un accident de voiture lors de ma dernière incarnation » ou encore « J'ai la peur phobique des fonds marins, je pense être mort noyé dans une de mes vies antérieures ».

....

....

....

....

....

....

....

....

....

En explorant ce qui vous dérange, ce qui constitue vos blocages et les remparts que vous avez érigés pour vous protéger, vous identifiez ce que l'on pourrait appeler votre « part d'ombre ». En prenant conscience de ces aspects de vous-même, vous ouvrez la voie à leur transformation. Comme un alchimiste, vous avez le pouvoir de transmuter l'ombre en lumière, libérant ainsi votre potentiel et votre énergie créatrice vers des horizons plus lumineux et alignés avec votre véritable essence.

« Tout ce qui
ne remonte pas à
la conscience revient
sous forme de destin. »

Jung

PARTIE 3

Je me libère et me transforme

Après avoir exploré vos ombres et vos blessures d'âme, cette troisième partie vous guide vers l'affirmation de vous-même. Vous y trouverez :

- Des moyens pour transcender vos croyances limitantes,
- Des outils pour identifier votre Ikigai,
- Votre anatomie énergétique,
- Une méthode pour découvrir la couleur de votre aura,
- Des lettres de manifestation et de libération,
- Des mantras,
- Des rituels.

DÉCOUVRIR MES CROYANCES LIMITANTES

Une croyance limitante est une idée ou une pensée profondément enracinée qui vous fait croire que vous êtes incapable d'atteindre vos objectifs ou que vous ne méritez pas le succès : penser que vous êtes trop âgé ou trop jeune pour faire une reconversion professionnelle, penser que vous n'y arriverez pas car vous ne méritez pas ce succès… Pour identifier une croyance limitante, il est important d'être conscient de vos pensées les plus fréquentes et des schémas comportementaux qui vous freinent. Pour vous en libérer, il faut d'abord reconnaître cette croyance limitante, comprendre pourquoi elle vous affecte, puis la remplacer par des pensées plus positives et constructives. Cela peut inclure l'utilisation d'affirmations positives ou d'autres techniques qui renforcent votre confiance en vous et vous aident à dépasser ces blocages.

Mon reflet dans l'autre

Lorsque vous examinez ce que vous admirez ou détestez chez les autres, cela devient un miroir de votre propre être. Ces sentiments révèlent des aspects de vous-même que vous n'avez peut-être pas pleinement explorés ou acceptés. Il est crucial de reconnaître que le jugement que vous portez sur les autres est souvent un reflet de votre monde intérieur.

Les croyances limitantes, comme : « J'ai du mal à me montrer, sur les réseaux sociaux, sans montrer une image parfaite de moi-même », peuvent être surmontées en acceptant pleinement votre lumière. Imaginez-vous comme un dieu ou une déesse romaine ou greque dans un amphithéâtre, où chaque regard est une ovation. Briller dans toute votre authenticité nécessite du courage, de l'humilité et une vulnérabilité consciente. Cela signifie accepter et exposer vos défauts avec la certitude que la véritable invulnérabilité vient de la conscience de soi.

espace d'écriture

J'IDENTIFIE MES CROYANCES LIMITANTES

Écrivez quelque chose que vous n'avez pas osé faire et expliquez pourquoi vous ne l'avez pas fait.

Exemple : « Je n'ai pas osé faire construire ma propre maison. J'ai préféré acheter car on m'a dit que c'était compliqué et qu'il fallait avoir les épaules solides pour y arriver. Comme je ne connais pas grand-chose à la construction et que je ne suis pas capable de faire des travaux moi-même, j'ai opté pour une maison déjà construite. »

Dans cet exemple, plusieurs croyances limitantes se manifestent. Tout d'abord, la personne se perçoit comme incapable de gérer un projet de construction, sans vraiment avoir testé ses capacités. Ensuite, elle accorde plus de crédit aux opinions des autres, en présumant que leur expérience les rend plus compétents qu'elle-même pour prendre cette décision. Enfin, elle s'autodéfinit comme manquant de courage, ce qui limite ses choix et la pousse à abandonner un projet qui aurait pu lui convenir.

....

....

....

J'ACCEPTE MA VULNÉRABILITÉ

Ces croyances limitantes ne sont pas des freins, mais, au contraire, des moteurs de votre ambition. Pour comprendre comment rayer ces pensées de votre vie, il faut comprendre qu'elles représentent une forme de vulnérabilité qui fait votre force.

La vulnérabilité est votre plus beau cadeau. Être vulnérable, c'est savoir se mettre à nu. Avoir le courage de demander de l'aide et de montrer ses faiblesses, et même de les transformer en votre plus grande force. Par exemple, l'hypersensibilité devient une force quand elle est identifiée et transformée en une empathie saine car vous pouvez vous mettre pleinement à la place de votre interlocuteur.

Afin d'explorer votre rapport à la vulnérabilité, nous vous invitons à répondre aux questions ci-dessous.

Quelles situations me rendent le plus vulnérable ?

Exemple : « Je me sens particulièrement vulnérable lorsque je dois exprimer mes émotions profondes à quelqu'un. »

Comment est-ce que je perçois la vulnérabilité chez les autres ?

Exemple : « Je vois la vulnérabilité comme une force qui permet des connexions authentiques. »

....

....

....

....

Quelles croyances limitantes ai-je sur la vulnérabilité ?

Exemple : « Je crois souvent que montrer ma vulnérabilité est une faiblesse. »

....

....

....

....

En quoi la vulnérabilité peut-elle devenir une force pour moi ?

Exemple : « Être vulnérable m'a aidé à construire des relations plus sincères. »

....

....

....

....

Comment puis-je mieux accepter et gérer ma vulnérabilité ?

Exemples :

- ***Exprimer mes émotions :*** *partager mes sentiments avec mes proches ou tenir un journal.*
- ***Accepter l'imperfection :*** *reconnaître que faire des erreurs fait partie de l'apprentissage.*
- ***Établir des limites :*** *apprendre à dire non pour protéger mon espace personnel.*
- ***Chercher du soutien :*** *participer à des groupes de soutien ou consulter un thérapeute.*

TRANSCENDER MES CROYANCES LIMITANTES

Deux stratégies efficaces pour transcender ses croyances limitantes sont d'abord de nettoyer les schémas transgénérationnels. Cela implique premièrement de remonter aux plafonds de verre familiaux qui peuvent vous empêcher d'accéder pleinement à vos aspirations. Deuxièmement, prenez conscience des informations que vous envoyez dans le champ quantique, et nettoyez votre aura pour vous aligner sur les fréquences qui soutiennent votre épanouissement. C'est un vrai travail de cheminer vers soi qui commence d'abord dans l'énergétique.

Il est impératif de comprendre que votre perception de vous-même façonne directement la manière dont les autres vous perçoivent. Avant même de vous préoccuper du jugement extérieur, posez-vous la question fondamentale de savoir ce que vous pensez de vous-même. Identifiez vos forces dans différents contextes, et reconnaissez vos faiblesses sans jugement excessif.

espace d'écriture

J'IDENTIFIE MES FORCES

Notez au moins cinq qualités ou compétences que vous reconnaissez en vous. Réfléchissez à des contextes différents où ces forces se manifestent.

Exemple : « Je suis bon en communication. »

Contexte : « Lors de réunions d'équipe, j'expose des idées claires et motivantes. »

1 ....

....

2 ....

....

3 ....

....

4 ....

....

5 ....

....

JE RECONNAIS MES FAIBLESSES

Notez au moins cinq aspects que vous considérez comme des faiblesses ou des domaines où vous pourriez vous améliorer. Évitez le jugement excessif.

Exemple : « Je manque de patience. »

Contexte : « Lors de projets de groupe lorsque les délais ne sont pas respectés. »

1 ....

....

2 ....

....

3 ....

....

4 ....

....

5 ....

....

CHERCHER MON IKIGAI

L'ikigai est un concept japonais qui combine les mots *iki* (« vie ») et *gai* (« valeur » ou « mérite »). Il peut être traduit littéralement par « la raison d'être » ou « la joie de vivre ». L'ikigai représente un modèle qui vise à nous aider à trouver un équilibre et un sens dans notre vie. Il se présente sous la forme d'un diagramme à quatre cercles qui se chevauchent, créant une zone au centre où tous les éléments convergent. Ces quatre éléments sont les suivants :

1. Ce que j'aime (passion) : il s'agit de ce qui m'anime, de ce qui suscite mon enthousiasme, de ce qui me passionne profondément.

2. Ce pour quoi je suis doué (vocation) : c'est ce que je fais bien naturellement, mes compétences innées, mes talents et aptitudes.

3. Ce dont le monde a besoin (mission) : j'identifie ce que le monde ou la société demande, ce qui peut répondre à des besoins réels ou contribuer positivement.

4. Ce pour quoi je peux être rémunéré (profession) : il s'agit de ce qui peut me permettre de subvenir à mes besoins financiers, ce pour quoi je peux être payé.

L'ikigai se situe là où ces quatre éléments se croisent, au centre du diagramme. C'est l'endroit où notre passion, notre vocation, notre mission et notre profession convergent. Il est considéré comme un état idéal où la vie a un sens profond et où nous pouvons expérimenter un sentiment d'accomplissement et de bonheur.

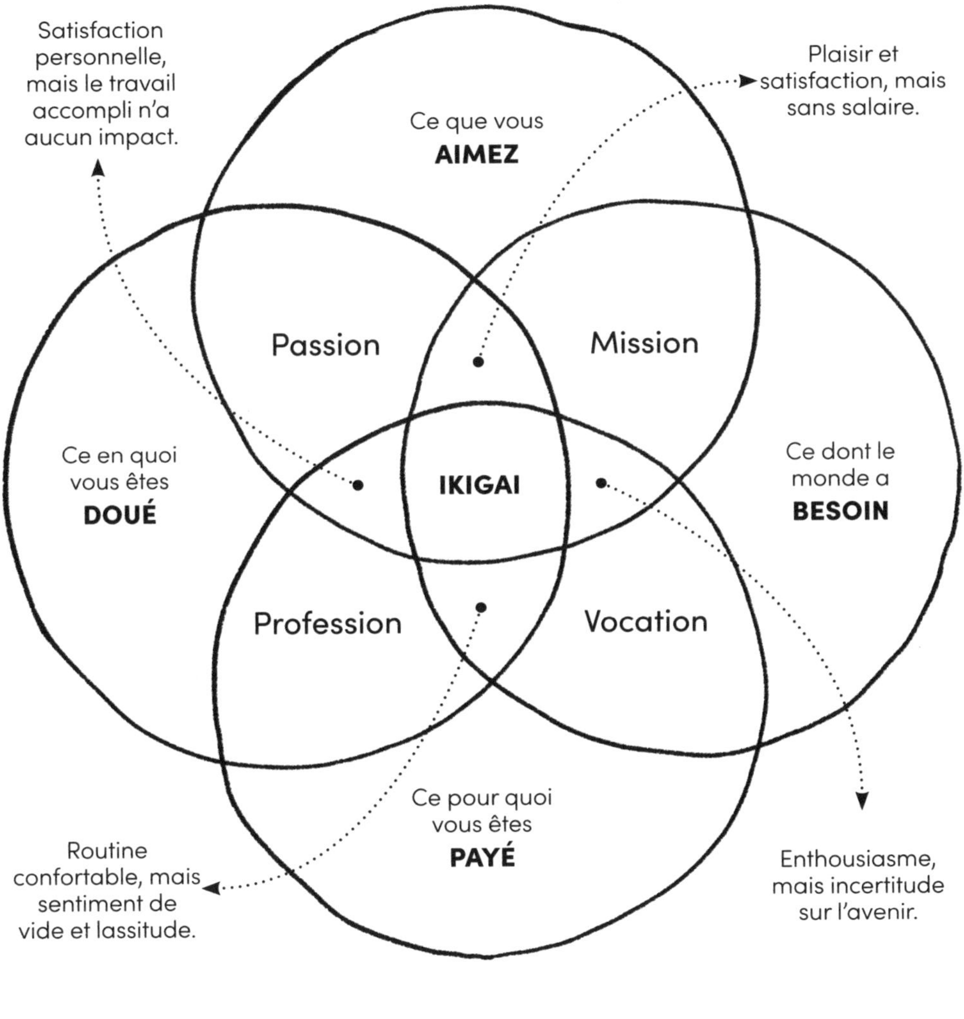
Satisfaction personnelle, mais le travail accompli n'a aucun impact.
Plaisir et satisfaction, mais sans salaire.
Ce que vous AIMEZ
Passion
Mission
Ce en quoi vous êtes DOUÉ
IKIGAI
Ce dont le monde a BESOIN
Profession
Vocation
Ce pour quoi vous êtes PAYÉ
Routine confortable, mais sentiment de vide et lassitude.
Enthousiasme, mais incertitude sur l'avenir.

JE TROUVE MON IKIGAI

Trouver son ikigai implique une introspection profonde pour découvrir ce qui donne un sens à sa vie. Pour vous guider dans cette exploration, nous vous proposons de répondre à la série de questions suivantes :

Qu'est-ce qui me passionne vraiment ?

Dans quoi est-ce que j'excelle naturellement ?

Comment puis-je contribuer positivement au monde qui m'entoure ?

Comment puis-je trouver un équilibre entre ce que j'aime, ce pour quoi je suis doué, ce dont le monde a besoin et ce pour quoi je pourrais être rémunéré ?

EXPLORER LES CHAMPS D'ÉNERGIE DE MON CORPS

Prenez conscience des vibrations que vous émettez et qui déclenchent certaines expériences dans la réalité. En effet nous sommes tous et toutes constitués de trois piliers énergétiques :

- le cœur,
- l'esprit,
- l'âme.

Ces trois piliers interagissent à travers les sept dimensions des sept corps énergétiques et des sept chakras.

Pour schématiser, au sein de votre corps se trouvent trois piliers centraux qui vont interagir avec vos chakras et vos différents corps énergétiques en fonction des moments de votre vie, de vos émotions ou encore de vos interactions. Chaque information, émotion ou changement de vie passera par ces piliers énergétiques. Par exemple, lorsque vous changez d'emploi, la décision, le travail fourni et l'énergie de cette nouvelle vont être gérés par votre âme, votre esprit et votre cœur, et cela aura une influence sur l'équilibre de vos chakras ou celui de vos différents corps énergétiques.

Votre niveau de conscience influence directement votre fréquence, et donc votre réalité.

LES SEPT CORPS

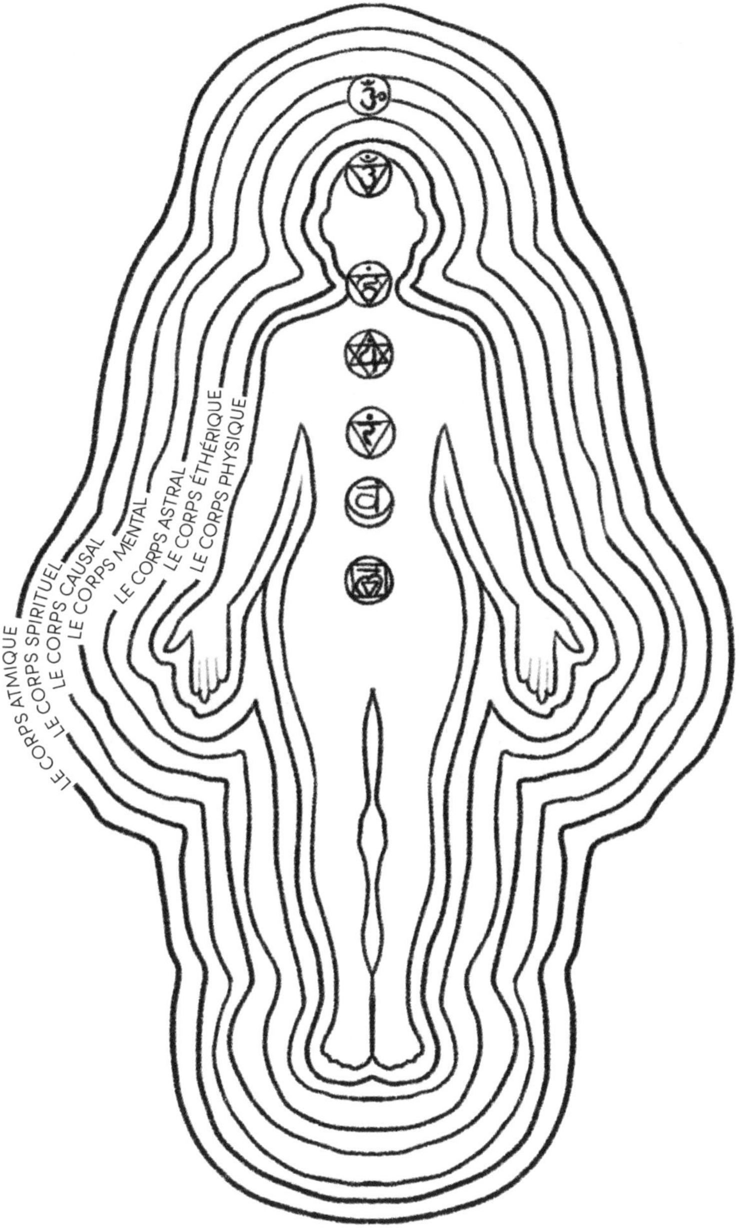

LE CORPS PHYSIQUE

Le corps physique est le corps tangible que nous percevons avec nos sens physiques. Il est lié à la réalité matérielle et aux expériences sensorielles. Nous sommes incarnés dans la « carne », dans la chair.

Couleur : transparent ou blanc.

LE CORPS ÉTHÉRIQUE

Le corps éthérique est considéré comme une copie énergétique du corps physique. Il agit comme un pont entre le corps physique et les corps énergétiques supérieurs.

Couleur : bleu pâle.

LE CORPS ASTRAL

Associé aux émotions, aux rêves et aux expériences non physiques, le corps astral permet les voyages astraux et l'exploration de dimensions non matérielles.

Couleur : bleu clair à vert.

LE CORPS MENTAL

Le corps mental est responsable de la pensée, de la logique et de la rationalité. Il traite l'information de manière analytique et contribue à la prise de décision.

Couleur : jaune à doré.

LE CORPS CAUSAL

Le corps causal est lié à la causalité et aux conséquences karmiques. Il enregistre les leçons apprises à travers différentes vies.

Couleur : blanc argenté ou doré.

LE CORPS SPIRITUEL

Relié à la sagesse universelle et à l'amour inconditionnel, le corps spirituel transcende l'individualité et cherche l'harmonie avec l'Univers.

Couleur : bleu électrique ou bleu roi.

LE CORPS ATMIQUE (OU DIVIN)

Considéré comme le corps spirituel le plus élevé, le corps atmique représente l'essence divine et la connexion directe avec le Divin.

Couleur : blanc doré ou violet profond.

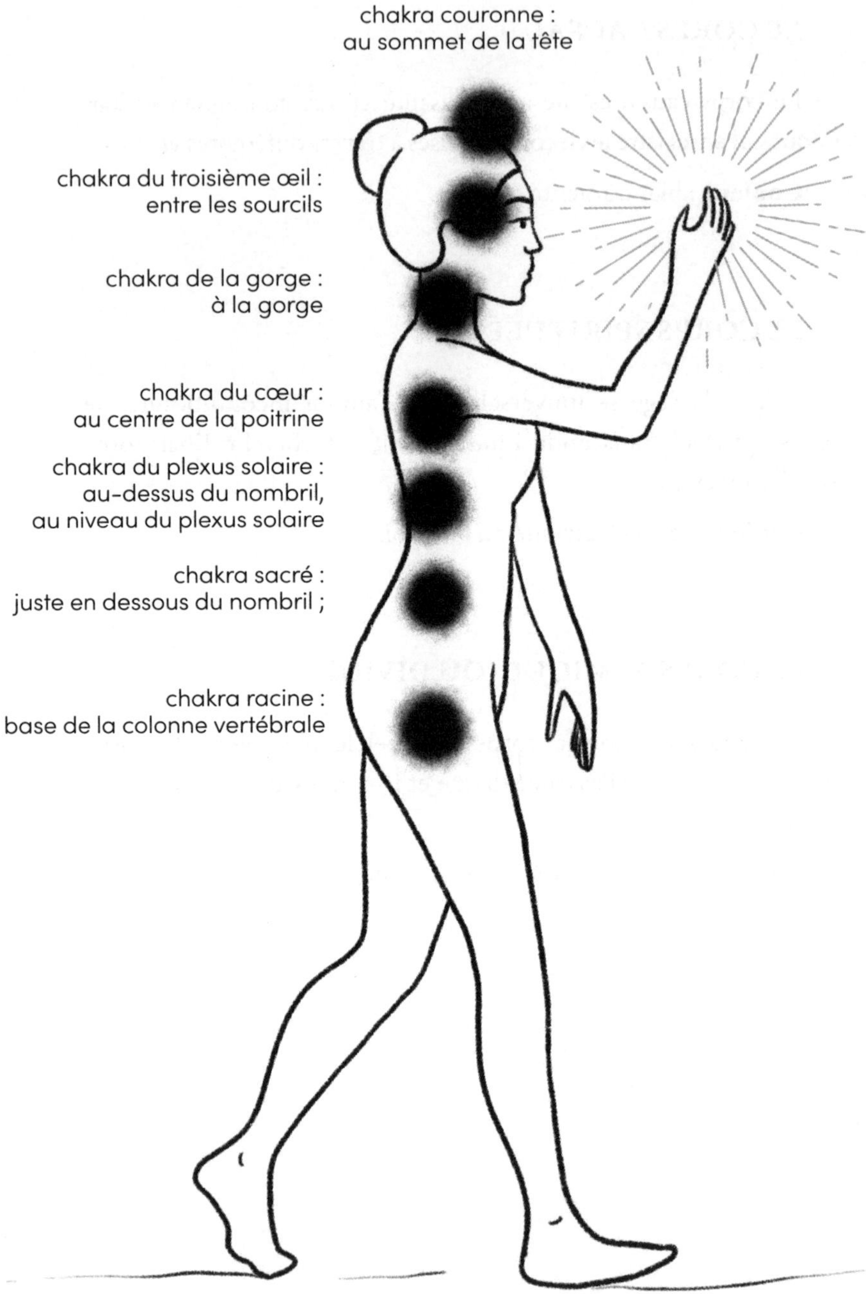
chakra couronne :
au sommet de la tête
chakra du troisième œil :
entre les sourcils
chakra de la gorge :
à la gorge
chakra du cœur :
au centre de la poitrine
chakra du plexus solaire :
au-dessus du nombril,
au niveau du plexus solaire
chakra sacré :
juste en dessous du nombril ;
chakra racine :
base de la colonne vertébrale

LES SEPT CHAKRAS

LE CHAKRA RACINE (MULADHARA)

Situé à la base de la colonne vertébrale, le chakra racine est associé à la sécurité, à la stabilité et à la connexion à la terre.

Couleur : rouge.

Symbole : racine ou lotus à quatre pétales.

LE CHAKRA SACRÉ (SVADHISTHANA)

Localisé dans la région du bas-ventre, le chakra sacré est lié à la créativité, à la sexualité et aux émotions.

Couleur : orange.
Symbole : lotus à six pétales.

LE CHAKRA DU PLEXUS SOLAIRE (MANIPURA)

Situé au niveau de l'estomac, le chakra du plexus solaire est associé à la confiance en soi, au pouvoir personnel et à l'estime de soi. C'est notre centre émotionnel.

Couleur : jaune.
Symbole : lotus à dix pétales.

LE CHAKRA DU CŒUR (ANAHATA)

Situé au centre de la poitrine, le chakra du cœur représente l'amour, la compassion et l'harmonie.

Couleur : vert.
Symbole : lotus à douze pétales.

LE CHAKRA DE LA GORGE (VISHUDDHA)

Localisé dans la gorge, le chakra de la gorge est lié à la communication, à l'expression de soi et à la créativité verbale.

Couleur : bleu clair.
Symbole : lotus à seize pétales.

LE CHAKRA DU TROISIÈME ŒIL (AJNA)

Situé entre les sourcils, le chakra du troisième œil est associé à l'intuition, à la clarté mentale et à la vision intérieure.

Couleur : indigo.
Symbole : lotus à deux pétales ou troisième œil.

LE CHAKRA COURONNE (SAHASRARA)

Situé au sommet de la tête, le chakra couronne représente la connexion spirituelle, la sagesse et la conscience universelle.

Couleur : violet ou blanc.
Symbole : lotus à mille pétales.

LA RELATION ENTRE MES CHAKRAS ET MES CORPS ÉNERGÉTIQUES

Pour explorer vos différents corps et chakras, nous vous proposons une méditation guidée. Lisez le texte suivant à voix haute en vous enregistrant, par exemple, avec votre téléphone portable. Ensuite, installez-vous confortablement dans un endroit calme. Appuyez sur « Lecture », fermez les yeux et laissez-vous emporter.

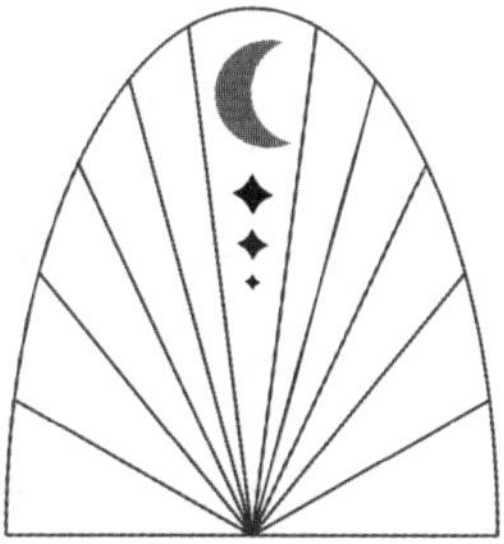

L'AURA, REFLET DE MON ÂME

L'aura est un champ énergétique subtil qui entoure votre corps physique. Cette bulle invisible exerce une influence sur votre vous profond et est le reflet de votre âme. Elle vous donne des indications sur votre état mental, physique et émotionnel. L'aura évolue en même temps que vous et change donc en fonction de vos émotions, de vos choix ou encore de votre vécu. Une aura se distingue par sa couleur, et selon sa teinte elle dispose d'une signification bien particulière.

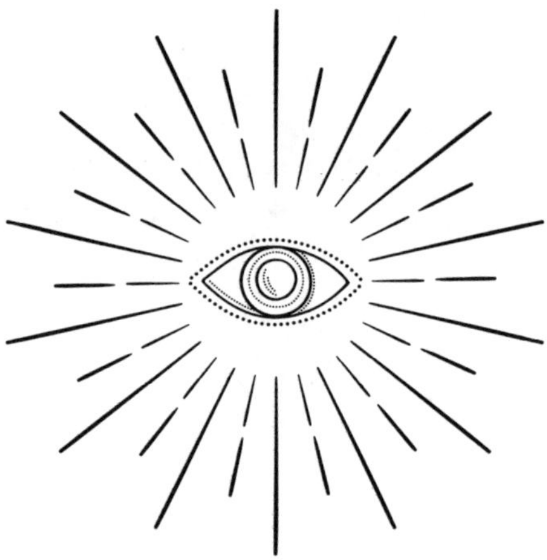

Je détermine la couleur de mon aura

Analyser votre aura, c'est mettre des mots sur vos maux, vos émotions et votre comportement. Cela peut vous aider à avancer, et à écouter votre corps et votre esprit.

Pour déterminer la couleur de votre aura, vous avez deux possibilités :

1. Placez une main face à un mur blanc, sans entrer en contact avec la paroi, puis plissez légèrement les yeux. Restez immobile jusqu'à ce que vous aperceviez une brume de couleur autour de votre main. Cela peut prendre quelques minutes.
2. Postez-vous en sous-vêtements face à un miroir, en pied de préférence afin de vous voir en entier, puis observez-vous, en particulier les contours de votre corps. Vous pouvez aussi plisser les yeux. Dans votre reflet devrait apparaître l'ombre de couleur de votre aura.

Signification d'une aura blanche

Le blanc est associé à la pureté, à la clarté et à l'innocence. Une aura de cette couleur indique une âme en paix. Un équilibre complet dans votre vie.

Signification d'une aura bleue

Le bleu est associé à la sérénité, à la communication et au bonheur. Une aura de cette couleur indique que vous êtes actuellement dans une période calme, entouré de relations bienveillantes.

Signification d'une aura verte

Le vert est associé à la guérison, à l'équilibre, à la nature ou encore à la croissance. Une aura de cette couleur indique le bonheur et l'harmonie face à la nature. Vous êtes en quête de progrès face à ce que vous traversez. Vous êtes sur le bon chemin, continuez.

Signification d'une aura rose

Le rose est associé à l'amour, à l'affection et à la gentillesse. Une aura de cette couleur indique plusieurs relations affectueuses dans votre vie. Vous êtes dans une période de plaisir, vous apprenez à vous reconnecter à vos désirs et vous avez le cœur durablement guéri.

Signification d'une aura rouge

Le rouge est associé à l'énergie, à la passion, à la force et même à la vitalité. Une aura de cette couleur indique une bonne santé et une période de ressourcement. Vous êtes déterminé face à un projet, et cela se ressent.

Signification d'une aura jaune

Le jaune est associé à la joie, à la créativité et à la chance. Une aura de cette couleur indique que vous vous trouvez dans une excellente période pour vos projets. La chance est de votre côté. Plus le jaune semble éclatant et plus vous êtes plongé dans des émotions saines et positives. Cependant, plus le jaune vous semble terne et plus vous êtes en train de lutter contre une confusion mentale ou l'anxiété.

Signification d'une aura violette

Le violet est associé à l'intuition, à la transformation ou encore à la sagesse. Une aura de cette couleur indique que vous êtes en pleine phase de changement. Une évolution va impacter votre vie et vous en êtes conscient.

Signification d'une aura orange

L'orange est associé à la motivation, aux aventures et au bonheur. Une aura de cette couleur indique que vous avez envie de vous envoler vers de nouveaux horizons et un désir d'ambition grandissant.

Signification d'une aura grise

Le gris est associé à l'indécision, à la fatigue ou encore aux doutes. Une aura de cette couleur indique que vous vous trouvez dans une période compliquée que ce soit sur le plan mental ou physique. Vous avez la sensation de stagner et de ne pas comprendre ce qui se passe. Plus la couleur est foncée et plus elle attire les émotions négatives.

Signification d'une aura dorée

Le doré est associé à l'abondance, à la réussite et à l'excellence. Une aura de cette couleur indique une période de création à son maximum, une réussite à venir ou encore une situation stable financièrement.

Signification d'une aura brune

Le brun est associé à l'ancrage et à la stabilité. Une aura de cette couleur indique que vous êtes en accord avec les derniers changements qui opèrent dans votre vie. Vous êtes conscient de votre situation et souhaitez apporter de nouvelles pistes de transformation pour votre avenir.

Signification d'une aura argentée

L'argenté est associé à la clarté mentale, à la protection et à la connexion avec son soi intérieur. Une aura de cette couleur indique que vous êtes protégé et sur le bon chemin. Si vous hésitez face à un choix, vous prendrez la bonne décision. Faites-vous confiance.

Les couleurs de l'aura varient en fonction de vos sentiments et de vos pensées. Lorsque vous êtes en paix, heureux ou épanouis, l'aura tend à rayonner de couleurs vives et lumineuses. Cependant, lorsque vous traversez des périodes émotionnellement difficiles, cette lumière, qui reflète votre état interne, vient à changer.

En effet, les émotions telles que la tristesse, la colère, la peur ou le stress intense ont un impact direct sur l'énergie que vous émettez. Ces émotions créent des blocages dans votre corps énergétique, entraînant un changement de teinte dans l'aura. Plus vous ressentez des émotions négatives, plus les couleurs de votre aura deviennent sombres et opaques. Par exemple, une personne en difficulté émotionnellement pourrait voir son aura passer d'un bleu clair, symbole de sérénité, à une couleur plus sombre, traduisant la mélancolie et la souffrance.

Lorsque l'aura devient sombre, c'est un signe que l'âme est en train de traverser un moment de turbulence. Plus les couleurs s'assombrissent, plus cela indique une période de difficultés émotionnelles non résolues. Ce phénomène n'est pas irréversible : en prenant soin de soi, en cherchant à comprendre et à guérir ses blessures émotionnelles, il est possible de retrouver la luminosité de l'aura.

Ma méditation guidée des sept chakras

https://blog.editionsleduc.com/monguidesecretdetransformation.html

Installez-vous confortablement dans un endroit calme où vous ne serez pas dérangé. Fermez les yeux et prenez quelques respirations profondes, en inspirant par le nez et en expirant par la bouche. Sentez votre corps se détendre à chaque expiration.

Commencez par visualiser des racines qui s'étendent de vos pieds vers le centre de la Terre. Ces racines vous ancrent solidement, vous connectant à l'énergie nourrissante de la Terre. Sentez cette énergie monter le long de vos racines, pénétrant vos pieds et remontant doucement jusqu'à votre premier chakra, le **chakra racine,** situé à la base de votre colonne vertébrale.

Imaginez une lumière rouge, brillante et chaleureuse, s'illuminer à la base de votre colonne vertébrale. Ressentez cette lumière rouge se renforcer, se stabiliser, apportant avec elle un sentiment de sécurité et de stabilité. Répétez mentalement : « Je suis en sécurité, je suis ancré. »

Dirigez maintenant votre attention un peu plus haut, vers le **chakra sacré**, situé juste en dessous de votre nombril. **Visualisez une lumière orange**, douce et éclatante, qui s'illumine dans cette zone. Sentez cette lumière orange rayonner, équilibrant votre créativité et vos émotions. Répétez mentalement : « Je suis créatif, je suis épanoui. »

Montez votre attention vers votre plexus solaire, situé juste au-dessus de votre nombril. **Visualisez une lumière jaune**, vive et chaude, qui s'illumine dans cette zone. Sentez cette lumière jaune renforcer votre pouvoir personnel et votre confiance en vous. Répétez mentalement : « Je suis puissant, je suis confiant. »

Déplacez votre attention vers le centre de votre poitrine, où se trouve le **chakra du cœur. Visualisez une lumière verte,** douce et apaisante, s'illuminer dans cette zone. Sentez cette lumière verte remplir votre cœur de compassion et d'amour inconditionnel. Répétez mentalement : « Je suis amour, je suis compassion. »

Montez maintenant votre attention vers votre gorge, où se trouve le **chakra de la gorge. Visualisez une lumière bleue**, claire et lumineuse, s'illuminer dans cette zone. Sentez cette lumière bleue ouvrir et équilibrer votre communication et votre expression personnelle. Répétez mentalement : « Je suis vérité, je suis expression. »

Déplacez votre attention vers le centre de votre front, entre vos sourcils, où se trouve le **chakra du troisième œil. Visualisez une lumière indigo,** profonde et intense, s'illuminer dans cette zone. Sentez cette lumière indigo éveiller votre intuition et votre sagesse intérieure. Répétez mentalement : « Je suis intuition, je suis sagesse. »

Enfin, dirigez votre attention vers le sommet de votre tête, où se trouve le **chakra couronne. Visualisez une lumière violette**, pure et éclatante, s'illuminer dans cette zone. Sentez cette lumière violette vous connecter à l'Univers et à votre moi supérieur. Répétez mentalement : « Je suis un avec l'Univers, je suis lumière. »

Visualisez maintenant votre corps entier entouré d'une lumière blanche, pure et protectrice. Cette lumière blanche équilibre et harmonise tous vos corps énergétiques, de votre corps physique à votre corps spirituel. Sentez cette lumière blanche vous envelopper complètement, vous apportant paix et alignement. Vous pouvez éventuellement percevoir des rayons arc-en-ciel représentant les couches de vos différents corps énergétiques.

JE DÉCRIS MON RESSENTI APRÈS CETTE SÉANCE

....

....

....

....

....

....

....

....

....

....

....

....

....

....

....

....

....

LETTRES DE MANIFESTATION ET DE LIBÉRATION

Afin de libérer votre esprit, influencer votre corps et honorer votre cœur, nous vous proposons d'écrire. Cela permet en effet de révéler des émotions refoulées. C'est une véritable thérapie afin d'avancer, et de vous pardonner.

Nous vous proposons donc d'écrire sept lettres – et ce nombre n'est pas un hasard : en numérologie, le 7 désigne le mystère, l'introspection et la recherche intérieure. Chacune dispose d'une énergie bien spécifique qui, tôt ou tard, vous révélera sa signification. Selon votre ressenti, vous pouvez ensuite brûler, cacher ou encore afficher ces lettres. Il est possible, si vous en ressentez le besoin, d'écrire plusieurs fois la même lettre à différents moments de votre vie.

Lettre à l'Univers

Une lettre à l'Univers est dédiée à la vie et au monde qui vous entoure. Dans cette lettre, laissez vibrer votre énergie, videz tout ce que vous avez sur le cœur. Écrivez tout ce que vous ressentez, tout ce que vous désirez et tout ce que vous aimez. Puis gardez cette lettre dans une cachette, afin de la relire quand vous le souhaitez si l'envie vous vient. Le but en écrivant cette lettre est de libérer vos émotions et d'attirer à vous ce que vous souhaitez.

Voici une liste de questions qui peuvent vous aider à la rédiger :

Pour quelles raisons est-ce que je ressens ces émotions ?

Qu'est-ce qui me ferait plaisir de recevoir ou d'attirer ?

Qu'est-ce qui manque à ma vie ?

Envers quoi suis-je reconnaissant ?

Quel serait mon rêve ultime ?

DATE : ....

Lettre au futur moi

Dans cette lettre, écrivez un message à votre futur vous, par exemple à celui ou celle que vous serez dans cinq ou dix ans. D'ici là vous allez forcément parcourir du chemin, et cela va vous donner l'occasion de le mettre par écrit, d'en prendre conscience et de vous encourager.

Voici une liste de questions qui peuvent vous aider à la rédiger :

Comment est-ce que je m'imagine dans ... mois/ans ?

Qu'aimerais-je dire au futur moi ?

Qu'est-ce qui me ferait plaisir d'avoir construit et vécu d'ici là ?

DATE : ....

Lettre à quelqu'un que j'aime

Faire vivre l'amour, c'est faire vivre la joie et plein d'autres émotions gratifiantes. L'écriture de cette lettre a pour but de renforcer un lien, de comprendre une relation ou encore de libérer des sentiments bloqués issus d'une relation.

Voici une liste de questions qui peuvent vous aider à la rédiger :

Comment cette personne contribue-t-elle à mon bonheur ou à ma peine ?

Qu'est-ce qui me plaît le plus et le moins chez elle ?

M'a-t-elle réellement appris à aimer ?

DATE : ....

....

....

....

....

....

Lettre à un proche défunt

La perte d'un être cher est l'une des épreuves les plus douloureuses. Écrire cette lettre vous permet de vous rapprocher de celles et ceux que vous avez perdus. Écrivez-leur ce que vous ressentez depuis leur absence, ce que leur départ a provoqué dans votre vie. Vous pouvez aussi leur confier vos secrets et leur poser des questions. Cette lettre peut aussi vous permettre de dire tout ce que vous n'avez pas eu le temps ou la force de prononcer avant le départ de votre proche. Il vous enverra des signes pour vous dire qu'il a bien reçu votre message. Ces signes peuvent par exemple être une plume, un animal qui vous relie ou encore une musique.

Qu'est-ce que j'aimerais dire à cette personne ?

DATE :

Lettre de manifestation

Dans cette lettre, le but est d'engager un profond changement et une piste de réflexion. Vous pouvez écrire une lettre d'adieu à une situation ou à une habitude dont vous souhaitez vous défaire (par exemple, arrêter de fumer, de procrastiner...).

En écrivant cette lettre, vous acceptez d'attirer à vous quelque chose de nouveau. Vous pouvez aussi utiliser cette lettre afin de manifester vos rêves.

DATE : ....

....

....

....

....

....

....

....

....

....

Lettre à quelqu'un qui m'a blessé

Un pas vers le pardon, un pas vers l'acceptation. Cette lettre a pour but de libérer la souffrance intérieure que vous continuez à garder en vous à la suite d'un événement difficile : une séparation, une dispute...

Décrivez ce que vous avez ressenti au moment de l'événement. Il peut s'agir d'émotions (la peur, la honte, la colère...) ou de réactions (partir précipitamment, casser un objet...).

Il est important aussi de décrire comment vous avez fait pour vous en sortir. Qu'est-ce qui vous a aidé à surmonter cette épreuve ? Il peut s'agir d'un nouveau hobby ou d'une personne en particulier par exemple. Enfin, prenez le temps de vous sentir fier de vous en être sorti.

DATE : ....

....

....

....

....

....

Lettre à mon enfant intérieur

Votre enfant intérieur est une partie de vous-même qui conserve les souvenirs, les émotions et les réactions de votre enfance. Ce que vous avez vécu plus jeune vous a façonné d'une certaine manière, mais vous avez tout le pouvoir de changer. Travailler sur votre enfant intérieur peut vous permettre de comprendre vos schémas relationnels et de guérir vos blessures.

S'écrire une lettre à soi-même n'est pas quelque chose de facile, et encore moins quand il s'agit de parler à son soi le plus profond. Cette lettre peut provoquer chez vous des émotions : de la peine, de la culpabilité, de la joie, de la nostalgie ou autre. Laissez-les vivre à travers les lignes de votre lettre.

Voici quelques pistes qui peuvent vous aider à la rédiger :

Ai-je un bon souvenir de mon enfance ?

Comment décrirais-je ma relation avec mes parents, ma famille durant mon enfance ?

Ai-je du mal à exprimer mes émotions ? Si oui, cela peut-il venir de mon enfance ?

Si je le pouvais, qu'est-ce que j'aimerais dire à l'enfant que j'étais ?

DATE : ....

MES MANTRAS

Les mantras sont des affirmations que vous pouvez répéter régulièrement pour favoriser des pensées positives, renforcer votre confiance en vous et encourager une attitude optimiste.

Le but de ce chapitre est de vous redonner du positif dans les périodes un peu compliquées.

Pour sélectionner un mantra de manière intuitive, fermez les yeux tout en tenant votre cahier ouvert. Laissez votre index parcourir librement la page jusqu'à ce qu'il s'arrête naturellement sur un mantra. Lorsque vous sentez que c'est le moment, ouvrez les yeux et découvrez le mantra sur lequel votre doigt s'est posé.

Ce processus simple vous permettra de choisir intuitivement une affirmation positive qui résonne avec vos besoins et aspirations du moment, enrichissant ainsi votre exploration personnelle à travers les pages thématiques dédiées.

exercice

Je gagne en confiance chaque jour qui passe.

Je suis digne d'amour et de bonheur.

La paix me berce et la sérénité m'accueille.

Mon potentiel est illimité. Si j'y pense, c'est que je peux l'atteindre.

Je suis en bonne santé, vivant et rempli d'énergie.

Je mérite le succès et la prospérité dans tous les aspects de ma vie.

J'avance lentement mais sûrement.

Je me sens bien dans mon esprit.

Je réussis tout ce que j'entreprends.

Mes relations me comblent d'amour.

Je suis reconnaissant pour toutes les choses de la vie.

Je me libère de mes peurs et de mes hésitations.

Je suis libre financièrement.

Chaque jour est
une nouvelle opportunité
pour devenir fort.

Je m'envole vers de
nouvelles aventures
sans crainte.

J'attire la réussite et
l'abondance.

Je réalise avec
succès tout ce
que j'entreprends,
grâce à ma
détermination et à
ma persévérance.

Chaque jour, je
construis la vie de
mes rêves avec
détermination et
passion.

J'attire la chance
dans ma vie.

La chance est
mon alliée et
m'accompagne dans
chaque aspect de
ma vie.

J'ai confiance
en la vie.

J'obtiens la vie
dont je rêve.

Ma singularité
est ma force, elle
me distingue et
m'enrichit.

Chaque obstacle
est un cadeau dans
l'apprentissage.

MES RITUELS

Nous vous proposons à présent des rituels afin de dynamiser votre lecture. Ils peuvent être réalisés à chaque moment de passage, comme l'équinoxe du printemps, la nouvelle lune ou la pleine lune, votre anniversaire ou tout événement qui résonne avec votre cœur.

Les rituels font partie également du processus de révélation et de changement positif pour votre vie future. Grâce à eux, vous allez encore plus explorer votre vous profond.

Plongez dans chacun des rituels avec comme base :

- **Une bougie :** symbole de la victoire de la lumière sur les ténèbres, la bougie commence tout rituel. Vous pouvez également poser l'intention de la protection en l'allumant. Elle sera blanche de préférence.
- **Le calme :** priorisez-vous, c'est votre moment ! Il s'agit de la pause indispensable pour préparer tout ce qui s'apprête à fleurir. On cherche la lumière à l'intérieur de nous, les graines sont en préparation.

LE RITUEL POUR RENFORCER MA VALEUR PERSONNELLE

Si vous avez des difficultés à avoir confiance en vous, cet exercice est fait pour vous.

Le but de ce rituel est de vous faire prendre conscience que vous êtes un être de lumière : vous êtes une mine de ressources pour votre âme, vos capacités et vos atouts vous permettront toujours à l'avenir d'avancer encore plus loin dans vos projets.

Pour cet exercice, vous n'avez besoin que d'un stylo ou d'un feutre, de la couleur qui vous plaît. Puis répondez aux questions en étant complètement honnête avec vous-même. Le but est de vous concentrer uniquement sur le positif, vous pouvez être fier de vous.

LA CONFIANCE DU CORPS

Coloriez ou entourez les parties de votre corps qui vous apportent une satisfaction, un sentiment de bonheur et qui vous plaisent.

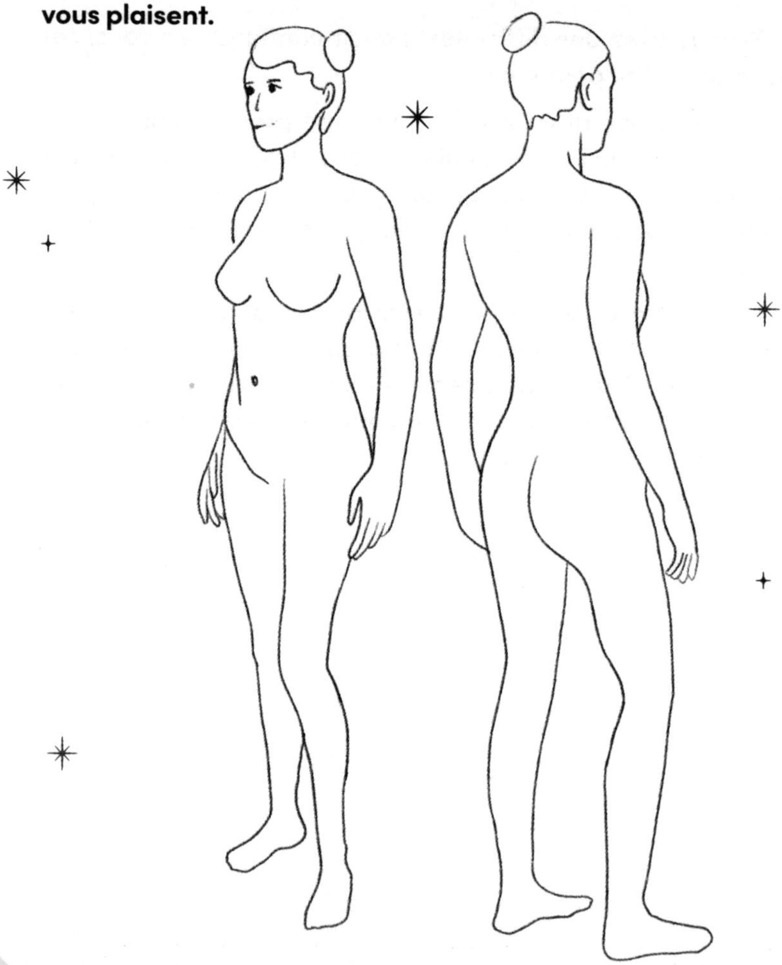

Est-ce que mon corps m'a déjà permis de ressentir des émotions positives ?

Exemples : excitation, joie, plaisir, bonheur...

- ☐ Oui.
- ☐ Pas encore, mais bientôt.

Quelles parties de mon corps sont souvent complimentées par les autres ?

....

....

....

....

....

....

....

Qu'est-ce que mon corps a supporté (grossesse, opération, accident...) et dont je suis très fier ?

....

....

....

....

....

....

LA CONFIANCE DE L'ESPRIT

Quelles sont les choses qui m'apaisent et que j'aimerais dire ou faire ?

Exemples : lire, voyager, me balader...

....

....

....

....

Est-ce que je m'autorise à lâcher prise ?

- ☐ Oui.
- ☐ Pas encore, mais bientôt.

Si ce n'est pas le cas, engagez-vous à essayer pour l'avenir.

Est-ce que je me sens souvent débordé ?

- ☐ Oui.
- ☐ J'arrive à trouver mon équilibre.

Si oui, essayez de favoriser une routine d'organisation pour libérer votre charge mentale. Par exemple, vous pouvez tracer un tableau avec les tâches ménagères à faire, et les répartir sur la semaine pour vous éviter de faire tout d'un coup. Vous pouvez aussi préparer des repas en avance ou bien instaurer une routine de sommeil pour ne plus vous coucher tard.

LA CONFIANCE DU CŒUR

Ai-je tendance à ressentir des émotions négatives plus que positives ? Si oui, puis-je les éviter et comment ?

Exemple : il est possible que vous vous sentiez très anxieux, et pour contrer cela, vous faites de la méditation.

- ☐ Oui.

....

....

....

....

- ☐ Non

Une personne m'a-t-elle déjà dit qu'elle était fière de moi ? Si oui, pour quelle raison ?

- ☐ Oui.

....

....

....

....

- ☐ Non, mais bientôt.

Qu'est-ce qui me rend heureux ?

Citez une infinité de possibilités !

Exemples : la famille, voir des animaux, aller nager à la mer, écouter un podcast…

....

....

....

....

Me suis-je déjà dit l'une de ces trois phrases ?

« Je m'aime. »

- ☐ Oui.
- ☐ Pas encore, mais bientôt.

« Je suis fier de moi. »

- ☐ Oui.
- ☐ Pas encore, mais bientôt.

« Je m'écoute avant tout. »

- ☐ Oui.
- ☐ Pas encore, mais bientôt.

Si vous avez coché la seconde case, placez-vous devant un miroir et répétez-vous ces phrases jusqu'à ce que vous commenciez à sourire face à votre reflet. Cet exercice peut se faire en plusieurs temps, sur plusieurs jours et régulièrement.

LE RITUEL DE GRATITUDE ET DE MANIFESTATION

Les rituels de manifestation vous aident à atteindre vos objectifs, satisfaire vos désirs ou vos intentions spécifiques.

La pratique régulière de la manifestation permet d'améliorer la confiance et l'estime de soi et d'être plus attentif aux opportunités qui se présentent. Elle aide aussi à réduire le stress et l'anxiété. Enfin, la réalisation de vos désirs et objectifs apporte un sentiment de satisfaction et d'accomplissement.

Vous pouvez effectuer le rituel ci-après à n'importe quel moment de l'année ou de la journée. Cependant, il sera plus puissant les soirs de nouvelle lune car cette dernière intensifie les énergies de transformation et d'opportunité.

POURQUOI FAIRE UN RITUEL DE MANIFESTATION ?

- **Clarté des objectifs** : les rituels de manifestation aident à clarifier ce que vous désirez réellement dans la vie.
- **Concentration et intention** : ils vous permettent de concentrer votre énergie et votre attention sur vos objectifs.
- **Motivation** : en visualisant vos objectifs, vous êtes plus motivé à travailler pour les atteindre.
- **Alignement spirituel** : pour celles et ceux d'entre vous qui croient en l'énergie spirituelle, ces rituels peuvent aligner votre énergie avec celle de l'Univers.
- **Renforcement positif** : ils renforcent une mentalité positive et l'auto-efficacité, c'est-à-dire la croyance en votre capacité à réaliser vos objectifs.

Le principe est d'écrire :

- 3 choses pour lesquelles je ressens de la gratitude (être en bonne santé, être entouré de ma famille, etc.)
- 6 choses que je suis fier d'avoir faites ou de posséder (ma capacité à m'organiser, avoir obtenu mon permis, avoir mis fin à une relation toxique, etc.)
- 9 choses que je rêve d'avoir ou de faire à l'avenir (d'aller voir l'océan, d'apprendre l'espagnol, d'adopter un chien, etc.)

1. Je ressens de la gratitude pour ....

2. Je ressens de la gratitude pour ....

3. Je ressens de la gratitude pour ....

1. Je suis fier/fière de ....

2. Je suis fier/fière de ....

3. Je suis fier/fière de ....

4. Je suis fier/fière de ....

5. Je suis fier/fière de ....

6. Je suis fier/fière de ....

1. Je rêve de ....

2. Je rêve de ....

3. Je rêve de ....

4. Je rêve de ....

5. Je rêve de ....

6. Je rêve de ....

7. Je rêve de ....

8. Je rêve de ....

9. Je rêve de ....

CRÉER MON RITUEL

Ce rituel vous offre un espace pour vous reconnecter avec vos intentions profondes, vous libérer de ce qui vous encombre, exprimer votre gratitude et vous engager dans des pratiques qui alignent votre être intérieur avec vos aspirations les plus élevées.

Que vous choisissiez de tirer une carte oracle, d'allumer une bougie blanche ou d'écrire une lettre à l'Univers, chaque élément de ce rituel est conçu pour vous guider vers une transformation intérieure significative et un renouveau personnel.

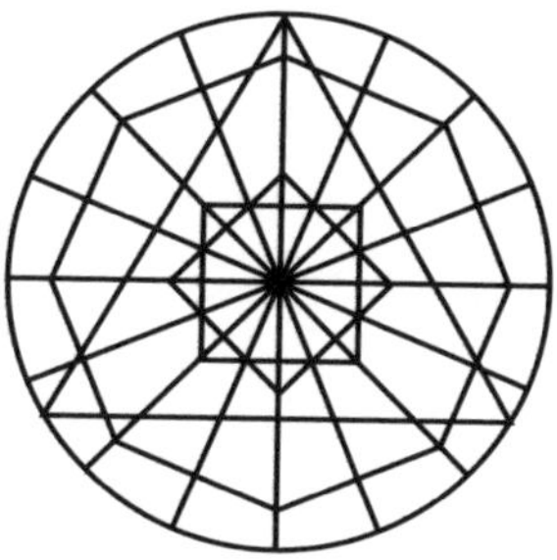

MON RITUEL PERSONNEL

Date : ....

Événement : ....

Introspection & météo intérieure :

Pour commencer ce rituel, j'inscris ci-dessous une phrase positive qui décrit mon état d'esprit actuel.

Exemples : « Je me sens plein d'énergie et d'enthousiasme pour ce nouveau cycle », « Je me sens parfois dépassé par mes responsabilités mais résolu à trouver l'équilibre ».

....

....

....

....

....

....

....

....

....

....

....

Ma vision

J'inscris ci-dessous quels sont mes intentions et mes objectifs pour le nouveau cycle.

Exemple : « Je souhaite revenir dans mon corps aussi souvent que possible en buvant 2 litres d'eau par jour et en faisant de l'exercice 3 fois par semaine. J'aimerais également ne pas prendre mon téléphone au réveil et une heure avant de me coucher. »

....

....

....

....

....

....

....

....

....

....

....

....

....

....

....

....

Ma libération

Je note ci-dessous ce dont je choisis de me délester.

Exemple : « Je décide ici et maintenant de me délester du personnage contrôlant en moi, celui qui a peur de tout et surtout de ne pas être assez, au point de vouloir contrôler chaque détail de ma vie, ce qui ne laisse pas de place à la joie, la présence et la spontanéité. »

....

....

....

....

....

....

....

....

....

....

....

....

....

....

....

....

Mes gratitudes

Je liste ci-dessous ce pour quoi j'éprouve de la gratitude, dans le domaine personnel, professionnel et environnemental.

Exemple : « Je suis reconnaissant pour mon partenaire qui partage ma vie, d'avoir réussi à créer un podcast et d'avoir vu un coucher de soleil 3 fois ce mois-ci. »

....

....

....

....

....

....

....

....

....

....

....

....

....

....

....

....

....

« Le soleil,
c'est moi. »

Helia Mind

CONCLUSION

Maintenant que vous être parvenu au terme de ce guide, nous vous encourageons à le reparcourir, à refaire les exercices qui vous ont le plus « parlé », à vous confronter de nouveau à ceux qui ont provoqué un blocage, à méditer, à réaliser les rituels, à inventer vos rituels…

En effet, ce guide a été conçu pour offrir une exploration profonde et enrichissante, mais il est essentiel de se rappeler que l'expérience de la vie elle-même est le véritable enseignement. À travers vos divers apprentissages et expériences, vous continuez à découvrir qui vous êtes vraiment. La vie peut être comparée à un jeu où vous apprenez progressivement comment jouer.

La clé réside dans la subtilité de vous rappeler qu'il faut revenir à votre centre, à votre essence, à votre âme. Il ne s'agit pas de changer ou de vous transformer, mais simplement de vous souvenir. En vous reconnectant avec votre moi authentique, vous trouvez la paix, la joie et l'accomplissement dans chaque instant présent de votre voyage.

L'essence de ce guide est de vous rappeler que toutes les réponses, la force et la lumière dont vous avez besoin sont déjà présentes en vous. Chaque outil et chaque exercice proposés ici sont des pistes pour vous aider dans votre cheminement personnel. Nous vous encourageons à continuer d'explorer et de cultiver votre propre lumière au-delà de ces pages. N'hésitez pas à partager votre parcours et vos découvertes sur les réseaux sociaux en nous identifiant, car nous serions ravies de célébrer avec vous chaque étape de votre élévation.

Avec amour,

Emmi et Lorelène

REMERCIEMENTS

Nos premiers remerciements vont vers vous, lecteurs et lectrices. Votre âme vous a amené vers ce livre, et nous en sommes très reconnaissantes. Merci pour votre lecture, mais surtout d'avoir cru en vous.

Nous souhaitons également remercier l'ensemble de l'équipe éditoriale des éditions Animae, qui ont fait un travail remarquable sur ce livre. Nous serons toujours dans la gratitude pour leur écoute et leur bienveillance.

Enfin, un immense merci à nos proches qui ont posé les fondations solides et nourri notre confiance pour concrétiser ce guide dans la matière.

Un merci particulier à Gabriel et Jayro pour leur soutien inébranlable au quotidien. Leur présence angélique et leurs conseils éclairés ont été une source d'inspiration et de force tout au long de nos parcours de vie.

Avec amour,

Emmi et Lorelène

BIBLIOGRAPHIE

Anne ANCELIN SCHÜTZENBERGER, *Aïe, mes aïeux !*, Paris, La méridienne, 1997.

Luc BODIN, *Le Grand Manuel des soins énergétiques*, Paris, Guy Trédaniel éditeur, 2019.

Lise BOURBEAU, *Les 5 blessures qui empêchent d'être soi-même*, Paris, Pocket, 2013.

Daniel BRIEZ et Wydiane KHAOUA, *Ma bible des pierres et cristaux*, Paris, Leduc, 2020.

James CLEAR, *Un rien peut tout changer*, traduit de l'anglais (États-Unis) par Emmanuelle Hautbois, Paris, Larousse, 2019.

Eckhart TOLLE, *Le Pouvoir du moment présent. Guide d'éveil spirituel*, traduit de l'anglais (États-Unis) par Annie J. Ollivier, Paris, J'ai lu, 2010.

François VINCENSINI, *Ma bible de la numérologie*, Paris, Leduc, 2022.

LORELÈNE

Lorelène est une jeune infirmière puéricultrice de métier vivant dans le Sud de la France. Elle a baigné dans le monde de la divination et de la spiritualité dès son plus jeune âge.

Médium et cartomancienne, elle doit cette transmission à son grand-père maternel, qui aujourd'hui pratique encore et utilise ses capacités de médium pour guider les autres.

Ce dernier a été son mentor durant cinq intenses années : il l'a guidée et lui a appris l'origine ancienne des pratiques divinatoires. Le lancement de Lorelène sur les réseaux sociaux a permis de montrer sous un nouvel angle la spiritualité, l'astrologie et la loi de l'attraction.

À ce jour, elle réalise des consultations à distance et effectue des tirages à un grand nombre de personnes. Lorelène pratique également l'interprétation onirique, la chiromancie et est sensible à l'écoute du corps qui, selon elle, délivre des messages bien plus puissants que les mots.

Son souhait est de faire découvrir le bien-être de la spiritualité à toutes les âmes de ce monde, de les accompagner et de les encourager à observer les signes qui les entourent afin de révéler leur puissance intérieure.

Retrouvez Lorelène sur :

Instagram : @oracle_avenir
TikTok : @oracle_avenir

EMMI

Emmi Issaverdens, alchimiste du mouvement incarné et fondatrice d'HELIAMIND, émerge comme une figure incontournable dans le domaine de la guérison holistique. Héritière d'une lignée ancestrale de guérisseuses, Emmi explore les profondeurs de l'esprit, du corps et de l'âme à travers une gamme variée de pratiques transformatrices.

Son parcours professionnel éclectique commence dans le domaine du droit, où elle acquiert une expertise en résolution de problèmes complexes. Passant ensuite par l'événementiel et les relations publiques, Emmi canalise sa créativité et son pouvoir d'inspiration pour ouvrir de nouveaux horizons.

Cependant, ce sont les appels profonds de la guérison et de la reconnexion spirituelle qui dirigent finalement Emmi vers sa véritable vocation. En 2022, elle fonde HELIAMIND, un univers dédié à l'éveil des consciences à travers des soins énergétiques, des ateliers, des cercles de femmes et un podcast enrichissant.

HELIAMIND représente un phare pour ceux qui cherchent à libérer leur potentiel et à cultiver une paix intérieure durable. Emmi Issaverdens incarne une fusion unique de sagesse ancienne et d'innovation moderne, offrant un espace où l'esprit, le corps et l'âme peuvent s'épanouir harmonieusement.

Retrouvez Emmi sur :

Instagram : @heliamind
TikTok : @heliamind777
YouTube : @heliamind
Site Internet : www.heliamind.com

Cet ouvrage est composé de matériaux issus de forêts bien gérées certifiées FSC®, de matériaux recyclés et de matériaux issus d'autres sources contrôlées.

Le Forest Stewardship Council® est une organisation internationale non gouvernementale qui encourage une gestion écologiquement adaptée, socialement bénéfique et économiquement viable des forêts de la planète. Pour en savoir plus, consultez le site *www.fsc.org*

MIXTE
Papier | Pour une gestion forestière responsable
FSC® C022829

Achevé d'imprimer en décembre 2024
sur les presses de la Nouvelle Imprimerie Laballery
58 500 Clamecy
Dépôt légal : Janvier 2025
N° d'impression : 410547

Imprimé en France

La Nouvelle Imprimerie Laballery est titulaire de la marque Imprim'Vert®